Marketing de Guerrilha para LEIGOS®

Edição de Bolso

por Jonathan Margolis e Patrick Garrigan

Prefácio por Jay Conrad Levinson

O Pai do Marketing de Guerrilha

CB018775

ALTA BOOKS
E D I T O R A

Rio de Janeiro, 2013

Marketing de Guerrilha Para Leigos – POCKET Copyright © 2013 da Starlin Alta Editora e Consultoria Eire
ISBN: 978-85-7608-791-5

Translated from original Guerrilla Marketing For Dummies © 2008 by Jonathan Margolis and Patrick Garrigan, Inc. ISBN 978-0470289679. This translation is published and sold by John Wiley, the owner of all rights to publish and sell the same. PORTUGUESE language edition published by Starlin Alta Editora e Consultoria Eireli, Copyright © 2013 by Starlin Alta Editora e Consultoria Eireli.

Erratas: No site da editora relatamos, com a devida correção, qualquer erro encontrado em nossos livros. Procure pelo título do livro.

Marcas Registradas: Todos os termos mencionados e reconhecidos como Marca Registrada e/ou Comercial são de responsabilidade de seus proprietários. A Editora informa não estar associada a nenhum produto e/ou fornecedor apresentado no livro.

Impresso no Brasil — 1ª Edição

Produção Editorial	Supervisão Gráfica	Conselho de	Design Editorial	Marketing e Promoção
Editora Alta Books	Angel Cabeza	Qualidade Editorial	Bruna Serrano	Daniel Schilklaper
		Anderson Vieira	Iuri Santos	marketing@altabooks.com.br
Gerência Editorial	**Supervisão de**	Angel Cabeza		
Anderson Vieira	**Qualidade Editorial**	Jaciara Lima		
	Sergio Luiz de Souza	Marco Aurélio Silva		
Editoria Nacional		Natália Gonçalves		
Cristiane Santos	**Supervisão de Texto**	Sergio Luiz de Souza		
Livia Brazil	Jaciara Lima			

	Tradução	Revisão Técnica	Revisão Gramatical	Diagramação
	Fabio Macedo	Maya Mann	Wendy Campos	Joyce Matos
	Sooner			

Dados Internacionais de Catalogação na Publicação (CIP)

M329m Margolis, Jonathan.
   Marketing de guerrilha para leigos edição de bolso / por
  Jonathan Margolis e Patrick Garrigan ; prefácio por Jay Conrad
  Levinson. – Rio de Janeiro, RJ : Alta Books, 2013.
  224 p. : il. ; 17 cm. – (Para leigos)

   Tradução de: Guerrilla Marketing for Dummies.
  ISBN 978-85-7608-791-5

   1. Marketing. 2. Venda. 3. Pequenas e médias empresas. 4.
  Anúncios. 5. Mídia (Publicidade) - Planejamento. 6. Relações
  públicas. I. Garrigan, Patrick. II. Levinson, Jay Conrad. III. Título.
  IV. Série.

          CDU 658.8
          CDD 658.8

Índice para catálogo sistemático:
1. Marketing 658.8

(Bibliotecária responsável: Sabrina Leal Araujo – CRB 10/1507)

Rua Viúva Cláudio, 291 – Bairro Industrial do Jacaré
CEP: 20970-031 – Rio de Janeiro
Tels.: 21 3278-8069/8419 Fax: 21 3277-1253
www.altabooks.com.br – e-mail: altabooks@altabooks.com.br
www.facebook.com/altabooks – www.twitter.com/alta_books

ALTA BOOKS
E D I T O R A

Dedicatória

Jonathan Margolis: Para Ethan, meu pequeno "guerrilheiro," e para Betsy, cujo apoio significa mais para mim do que ela possa imaginar. E um agradecimento especial ao Patrick por seu entusiasmo, dedicação e profissionalismo, ajudando a fazer deste livro uma experiência verdadeiramente gratificante.

Patrick Garrigan: Para minha família — Dennis, Mary, Lisa e Brian — e suas adoráveis excentricidades; e para os meus incríveis amigos cujo apoio pude contar desesperadamente e cujas piadas eu roubei sem pudor algum. Finalmente, para o Sr. Margolis, cujo aconselhamento, parceria e amizade me fazem excepcionalmente grato.

Agradecimentos dos Autores

Gostaríamos de começar agradecendo nossos clientes e parceiros que continuam confiando em nossa ajuda para projetar os mais exclusivos, divertidos e educativos programas para seus produtos e marcas. Somente através de sua confiança e apoio os conceitos comunicados neste livro puderam ser testados em campo e aprovados na guerrilha.

Agradecemos ao Mike Baker, nosso primeiro contato com a Editora Wiley. Somos gratos também a Elizabeth Kuball, a editora do nosso projeto, por suas conferências improvisadas ao telefone, sua gentil orientação, e amigáveis e-mails de agradecimento após receber cada capítulo — agradecemos sinceramente e respeitamos sua experiência e profissionalismo durante todo o processo.

Agradecemos ao Michael Joseloff, editor técnico do livro, por suas ideias. Um obrigado especial ao amigo de longa data Dennis Moore da dmstrategies.com por sua contribuição nos capítulos online, e igual reconhecimento a Dennis Garrigan e The Garrigan Group por seu auxílio com os aspectos relacionados às relações públicas deste livro.

Somos gratos, também, aos nossos colegas da Michael Alan Group, incluindo nossa equipe espalhada pelo país, que dirigem vans, vestem fantasias e distribuem prêmios, tudo para fazer uma campanha perfeita. Tivemos sorte de aproveitar e compartilhar o conhecimento e a experiência coletiva de todas estas pessoas.

Finalmente, agradecemos a você que está lendo este livro neste momento — sim, você! Nossa expectativa é que você ache este livro divertido e educativo — o que, em retorno, possibilitará o crescimento do seu negócio e o alcance de seus objetivos em marketing sob aspectos que você nunca imaginou que fossem possíveis.

Sumário

Prefácio

*Q*uando escrevi a primeira edição de Marketing de Guerrilha em 1983, foi para os meus alunos do curso de extensão na University of California, Berkeley. Eram pessoas com grandes ideias, mas pouquíssimo capital. Eles buscavam alcançar as metas convencionais de lucro e saldo, mas tinham que recorrer a meios nada convencionais para alcançá-las. O livro os ajudou a concretizar seus objetivos, em alguns casos gerando empresas de bilhões de dólares.

O marketing mudou muito desde quando escrevi o primeiro livro — e as três edições e 20 livros que se seguiram. Você deve saber de antemão que o Marketing de Guerrilha está se tornando rapidamente a corrente predominante. Tantas pessoas em tantos países atingiram tanto sucesso com o Marketing de Guerrilha, enquanto investiam menos dinheiro no processo, que o marketing tradicional se tornou antiquado.

Muitos princípios do marketing tradicional continuam sendo válidos, mas você pode ter certeza de que poucos deles têm algo a ver com a internet, onde metade de todas as compras irá ocorrer este ano, mais no ano que vem e mais ainda no ano seguinte. A natureza humana permanecerá a mesma, porém os métodos para influenciá-la estarão totalmente diferentes do século passado.

Desde o início, o Marketing de Guerrilha veio preencher a necessidade de um marketing de visão. Foi criado por pessoas mais interessadas em expandir seus negócios do que aprender sobre marketing. Embora empresas grandiosas e consolidadas tenham descoberto o Marketing de Guerrilha, a alma e o espírito desta fera continuam sendo as pequenas empresas. A essência do Marketing de Guerrilha são as pequenas empresas.

Marketing de Guerrilha Para Leigos, Edição de Bolso começa explicando exatamente o que é o Marketing de Guerrilha, em seguida os autores exploram todos os elementos necessários para criar uma campanha de Marketing de Guerrilha consistente. Jonathan e Patrick deixam bem claro que o marketing pode ser muito valorizado quando encanta, inclui e conecta com o público desejado. Eles mostram que você pode atingir seus objetivos de diversas maneiras — das equipes de rua com orçamento limitado até eventos e campanhas altamente divulgadas.

Embora o marketing na internet fosse apenas um vislumbre nos olhos dos marqueteiros quando escrevi meu primeiro livro, sabemos agora que o que você faz nas ruas pode ser multiplicado se o fizer na internet. É mais fácil do que você possa imaginar, e as oportunidades podem ser inesgotáveis e acessíveis. O fato é que você tem que estar na web. Isso não é o suficiente, mas com certeza ajuda muito.

Marketing de Guerrilha Para Leigos, Edição de Bolso de qualquer maneira, também pode ajudar muito fora da web, com dicas sobre como tirar maior proveito do seu empenho no marketing através da elaboração correta de um press release e sua distribuição para as pessoas certas. Os autores até explicam como contratar um publicitário para ajudar a atrair a atenção da mídia, o que pode encurtar o caminho para a realização dos seus objetivos.

Uma importante parte do Marketing de Guerrilha é o fusion marketing, no qual você se associa a quem tenha seus mesmos padrões e perspectivas. Este livro ajuda a determinar quem deve ser seu parceiro de fusão.

Os leitores irão tirar bastante proveito do livro *Marketing de Guerrilha Para Leigos, Edição de Bolso* — informação que podem guardar; técnicas e táticas para travar e ganhar a batalha do marketing a despeito das diferenças, esclarecendo um assunto que parece complexo, mas na verdade é simples e direto, e dando um grande passo no conhecimento do marketing. Certamente, este livro dará uma contribuição primordial em seu resultado financeiro e no resultado de seus clientes.

Por funcionar tão bem para empresas de todos os tamanhos no mundo todo e ser tão simples, o Marketing de Guerrilha tornou-se o estandarte de ouro para o marketing barato. E o melhor de tudo é que agora você tem as chaves para o sucesso em suas mãos com este livro.

Jay Conrad Levinson

O Pai do Marketing de Guerrilha
DeBary, Florida

Introdução

● ●

O bom Marketing de Guerrilha leva apenas um instante:

7:00h	Você levanta, abre o jornal e encontra um encarte especial no formato de um osso. O que você achou que podia ser um anúncio de comida para cachorro, na verdade é um anúncio de uma nova série de televisão intitulada apropriadamente como O Melhor Amigo do Homem.
8:00h – 8:45h	Enquanto você anda até o metrô, percebe dúzias de pôsteres espalhados na fachada próxima ao seu prédio. No fim das contas, sua banda favorita estará na cidade este mês — bom saber. Assim que você sai do metrô, uma jovem simpática, atraente e extrovertida oferece-lhe uma amostra de caixa de cereais e deseja-lhe um bom dia.
13:30h	Durante um almoço de negócios você vai ao banheiro. Enquanto lava suas mãos, o anúncio na parede fala realmente com você, enfatizando sua boa aparência — e oh, como você deveria experimentar esta nova colônia, Attraction.
13:45h	No final do almoço, quando o garçom traz a conta, ele também deixa três pastilhas de hortelã embrulhadas individualmente com a marca escrita na lateral, levantando a dúvida, "Quem pagou a quem exatamente? O dono do restaurante comprou esta marca especificamente, ou a marca fez uma proposta ao dono com algum tipo de proposta em espécie? Hmm.."
18:15h	Depois do trabalho, você vai a um bar com alguns amigos, e uma empresa de bebidas alcoólicas está dando várias coisas legais — camisetas, bonés e o seu preferido: bebidas grátis.

Ainda que não tenha percebido, você se deparou com seis pontos de contato com táticas de Marketing de Guerrilha. Surpreso? Não deveria. Assim como as marcas brigam como o filho do meio em busca de atenção, as táticas de guerrilha tornaram essa busca pessoal através de meios de contato direto e original. Neste livro, apresentamos este método de desenvolvimento constante de abordar os clientes em seus locais de residência, trabalho e lazer.

Sobre Este Livro

Este exemplar é uma versão resumida do livro *Marketing de Guerrilha Para Leigos* e oferece uma compilação de ferramentas, truques, ideias e até mesmo alguns segredos profissionais, úteis para qualquer pessoa, de empreendedores a pequenas e médias organizações. Este livro fornece soluções para alcançar o máximo de resultados em marketing utilizando o mínimo possível de recursos. Nós mostramos como — usando partes iguais de trabalho pesado e imaginação — você pode atrair a atenção do seu público alvo e melhor posicionar seu produto ou serviço. Além disso, este livro é composto por módulos, o que significa que você pode ler apenas os capítulos de que precisa.

Confie no seu instinto e dom para o marketing, pegue as dicas e conselhos que fornecemos e parta para a ação. Ainda que fosse mais fácil dizermos simplesmente "ligue para a Agência do Fulano, e eles vão te ajudar", este tipo de solução pronta não será o mais proveitoso para você ao longo do caminho. Por quê? Porque você pode criar sozinho várias iniciativas de marketing que mencionamos neste livro, sem ter gastos com uma agência. E mesmo que você decida contratar uma, terá que identificar, abordar e avaliá-la para ter certeza de que ela pode prover exatamente o que você está procurando. Não se preocupe — embora não forneçamos os nomes das agências para você, mostramos como pode encontrá-las e também disponibilizamos uma lista de perguntas para fazer às agências que estiver considerando contratar.

Convenções Usadas Neste Livro

> ✔ *Itálico*: Sempre que apresentamos um termo novo que possa interessar, o colocamos em itálico e o definimos em seguida (geralmente entre parênteses).

> ✔ **Negrito:** Usamos negrito para as palavras chaves e frases em listas com marcadores (como esta).

> ✔ Courier New: Colocamos os sites e endereços de e-mails em fonte diferente para destacá-los do resto do texto.

Penso que...

Para começo de conversa, o fato de você ter escolhido este livro significa que provavelmente é uma pessoa curiosa, criativa e ávida para adotar — ou pelo menos tentar — conceitos que a princípio podem parecer manjados. Acreditamos que você tenha pelo menos algum contato com as formas tradicionais de mídia, tais como TV, rádio e jornal e seu custo-benefício. Entretanto, mesmo que tenhamos exagerado um pouco na suposição, rapidamente revisamos estes assuntos em capítulos relevantes para assegurar que estamos falando a mesma língua.

Ícones Usados Neste Livro

Aqui estão os seus significados:

Para ajudá-lo a tirar o máximo de sua iniciativa, nós oferecemos alguns conselhos amigáveis.

Durante o planejamento de sua campanha de Marketing de Guerrilha, você tem que lidar com milhares de detalhes. O ícone Lembre-se o leva a aspectos básicos, assim você pode lidar com eles antecipadamente — de modo que não comprometam os seus planos *in loco*.

 Sua campanha pode ser recebida com reações variadas — de algumas cabeças balançando em desaprovação até um tempo na prisão. Qualquer coisa marcada com o ícone Cuidado informa que você precisa prestar atenção no que está fazendo e considerar chamar um advogado, entrar em contato com a prefeitura ou descartar a ideia completamente.

 Quando você vir o ícone de Mais Dinheiro, estamos informando sobre alguns momentos em que, apesar de seu orçamento limitado, seria bom adquirir um item que a princípio pode parecer um luxo — ou para tornar sua carga mais leve ou para dar um brilho mais profissional em sua campanha.

 Toda vez que o bichinho da informática aflora em nós e ficamos mais técnicos, marcamos o parágrafo com este ícone.

De Lá para Cá, Daqui para Lá

Queremos que você fique completamente livre para começar por onde quiser.

Se você ainda não está acostumado com a ideia de usar o Marketing de Guerrilha para promover seu produto ou marca, comece com o Capítulo 1. Se quer abordar algumas pessoas na rua neste fim de semana para promover um evento próximo, consulte o Capítulo 6. Por fim, digamos que a comida já tenha sido pedida, a lista RSVP esteja lotada, mas agora você só precisa que a imprensa esteja presente — o Capítulo 16 é para você.

Use este livro do começo ao fim ou escolha a dedo o conteúdo que melhor se enquadra a você.

Parte I

Tem uma Selva Lá Fora: Seja um Guerrilheiro

A 5ª onda   por Rich Tennant

"Má notícia — Buddy capotou com o caminhão, derramando oito caixas de amostras na hora do rush. Boa notícia: o caminhão capotou com a marca virada para cima."

Nesta parte...

*N*esta parte, nós colocamos você no assento do motorista, dando uma orientação cuidadosa e preparando o caminho para a realização dos seus objetivos através do pensamento não tradicional. Iniciaremos explicando o que é exatamente o Marketing de Guerrilha. A partir daí, olharemos as possibilidades disponíveis com os métodos de guerrilha e começaremos o processo de seleção tática. Depois de fazer algumas escolhas, apontaremos os melhores caminhos para fazer de sua campanha um sucesso, idealizando conceitos, expondo suas ideias, e localizando as pessoas que podem ajudá-lo a fazer do seu plano de marketing o melhor que ele pode ser.

Capítulo 1

Entrando na Selva: Uma Introdução ao Marketing de Guerrilha

. . . .

Neste Capítulo

▶ Esclarecendo o que é marketing

▶ Entendendo como o Marketing de Guerrilha é diferente

▶ Aplicando as táticas de guerrilha para vender seu produto ou serviço

. . . .

Marketing de Guerrilha é um tipo de marketing que atinge os clientes de modo profundo e envolvente, no qual o termo guerrilha significa usar sua própria criatividade e as ferramentas disponíveis para fazer uma verdadeira conexão com seus clientes (aqueles que você já tem e aqueles que espera atrair).

Contudo, antes que você dedique tempo precioso, energia ou recursos para ir à guerrilha, você precisa saber o que fazer para ter um marketing geral de sucesso. A partir daí, mostramos como você pode fazer o que bem quiser ou simplesmente ignorar estes conceitos básicos quando aplicá-los com a perspicácia de guerrilha.

Por último, exploramos algumas das saídas mais comuns, nas quais o Marketing de Guerrilha pode ser facilmente aplicado, e guiamos você pelo caminho para se tornar um menino prodígio em marketing.

Marketing Básico

Marketing, publicidade, relações públicas — o que essas palavras significam? Aqui entre nós, provavelmente há pessoas que trabalham nestas áreas que não têm a menor ideia do que significam, então, se você está um pouco confuso, não se surpreenda. Embora pudéssemos explicar os termos em definições chatas de livros, achamos que o famoso humorista e profissional de marketing S. H. Simmons os descreve melhor usando uma situação de paquera como contexto:

> Se um jovem rapaz diz para a menina que ele está paquerando que ela é inteligente, bonita e tem um ótimo papo, ele está dizendo as coisas certas para a pessoa certa, isto é marketing. Se um jovem rapaz diz para a menina que ele está paquerando o quanto ele é bonito, inteligente e bem sucedido, isto é publicidade. Se alguém diz para a menina o quanto o rapaz é bonito, inteligente e bem sucedido, isto é relações públicas.

Da mesma forma que se prepara um prato exótico, um plano de marketing eficaz deve incluir uma pitada de publicidade e um traço de relações públicas (ou mais, dependendo do resultado desejado). Mas o marketing sozinho diz aos seus clientes que eles são inteligentes, bons de papo e bonitos, por assim dizer. Em outras palavras, o objetivo do marketing é comunicar a mensagem da marca para clientes-alvo através do apelo direto às suas vontades e necessidades, com a intenção de motivá-los a comprar (literalmente ou de modo figurado) um produto ou opinião.

A elaboração e implementação de um plano de marketing requer dinheiro. Às vezes, uma montanha de dinheiro. A indagação sobre o motivo que leva as empresas a investirem em marketing é muito boa. A resposta mais simples é que as empresas investem nos esforços em marketing para fazer dinheiro. Isto pode ser uma simplificação da questão, mas atinge a essência do problema. De microempresas com base familiar até corporações multinacionais, todas investem em marketing para que tenham a oportunidade de atingir os seus clientes-alvo, moldando a percepção deles sobre seus produtos e serviços.

Por exemplo, depois de passar incontáveis horas estudando atletas e examinando tecidos, você criou a roupa de ginástica perfeita. E agora?

Bem, se você criou uma roupa de ginástica de lycra e algodão incrível, mas ninguém sabe a respeito, ela realmente existe? Ora, é claro que sim, mas provavelmente não vai ganhar o respeito que merece. É aí que o marketing entra. Marketing dá vida ao produto na forma de percepção pública e contato positivo do cliente.

O marketing pode ser usado para fazer as pessoas amarem o seu produto tanto quanto você. Oferecer a roupa para personalidades do esporte cria a percepção de que suas vestimentas são a única coisa a ser usada por quem leva a sério estar em excelente forma. A partir daí, você pode lançar uma série de anúncios atraentes e direcionados, mostrando casais com corpos definidos, vestidos com as roupas de ginástica, e etiquetas simples dizendo "Você É uma Lenda."

Por que perder tempo fazendo isso? Porque marketing ajuda a criar a percepção de que seu produto ou serviço é essencial para os clientes.

Você não tem que ser formado em marketing ou publicidade para criar ou implementar uma campanha de marketing. Embora um pouco de conhecimento na área seja útil, para que possa usar termos impressionantes nas reuniões, o fundamental é conhecer sua marca. Além disso, você precisa de criatividade, ambição e ousadia para criar métodos novos para apresentar sua empresa de um modo que deixe claro que você está no jogo.

Uma coisa que não cansamos de enfatizar é a criação do plano de marketing. Para começar, você precisa esmiuçar o seu negócio. Faça as seguintes perguntas para si mesmo:

- ✔ **Quem estou tentando abordar?**

- ✔ **O que estou tentando dizer ou vender?**

- ✔ **Qual é o melhor local para abordá-los?**

- ✔ **Qual é o melhor horário para abordá-los?**

- ✔ **Por que eles se interessariam pelo meu produto, marca ou serviço?**

- ✔ **Como posso fazer algo que se sobressaia do que os outros também fazem?**

Voltando aos conceitos básicos da marca

Considerar os fundamentos do que é o seu produto e serviço e quem você está tentando abordar possibilita medir a direção do seu plano de marketing, mirar no seu alvo e lançar uma estratégia direcionada e efetiva. Ter este tipo de foco coloca você e sua marca na posição de fazer escolhas inteligentes, o que possibilita alcançar suas metas através de um cuidadoso planejamento dos objetivos.

Ter um entendimento sólido de sua empresa, o que você está oferecendo, e para quem está oferecendo, coloca você numa posição de cortar os gastos evitando desperdiçar tempo e recursos em pessoas que provavelmente não têm nada a ver com seu produto.

Uma avaliação cuidadosa dos princípios básicos da marca possibilita que você encontre maneiras de atingir o seu alvo diretamente, enquanto evita, cuidadosamente, aqueles que não têm serventia para sua oferta.

Indo para Guerrilha

Nesta seção, explicaremos o que realmente envolve entrar na guerrilha. Começaremos o processo de familiarização explorando exatamente o que é esse gancho exclusivo no marketing.

O que é Marketing de Guerrilha?

Marketing de Guerrilha é uma forma de marketing que leva a mensagem da arca e apresenta para os clientes em potencial de um modo envolvente e totalmente inesperado.

Táticas não tradicionais não estão tão distantes das raízes militares que frequentemente são relacionadas com o significado de guerrilha. Táticas de guerrilha, nesse sentido, foram criadas por exércitos que não tinham recursos para atingir seus objetivos políticos e militares através dos métodos usuais. Por isso, eles tiveram que usar os recursos disponíveis e serem criativos na maneira como se aproximar e entrar em combate. Para mais informações sobre como as velhas táticas de guerrilha estão de volta, leia o Capítulo 2.

Assim como usado nas guerras, as estratégias de guerrilha envolvem a escolha de oportunidades onde o oponente não espera o ataque.

Sob vários aspectos, estes são os princípios essenciais do Marketing de Guerrilha:

1. **Identifique seu alvo (público).**
2. **Crie estratégias para saber onde eles estão e como você pode causar a impressão mais efetiva.**
3. **Atinja-os de uma maneira completamente inesperada e impactante.**

As táticas de Marketing de Guerrilha são estimulantes, pois possibilitam todas as empresas a usarem o que têm para atrair os clientes de maneira exclusiva para sua marca. Se as verbas disponíveis forem limitadas, você tem que ser criativo na maneira de aplicar os recursos de que dispõe.

Enquanto o marketing tradicional usa métodos comprovados para abordar os clientes, o Marketing de Guerrilha induz os clientes a olharem o produto de um jeito diferente. Embora o Marketing de Guerrilha possa usar métodos tradicionais (tais como jornal, TV e rádio) para espalhar a notícia, o que o difere é que acaba com as expectativas tradicionais aplicando estas ferramentas de um modo diferente, mais intimista.

Por exemplo, um marqueteiro de guerrilha pode comprar um outdoor ao lado de um edifício, mas isso só não basta. Para ele, este outdoor é uma tela em branco onde ele irá criar algo imperdível.

Talvez o outdoor se transforme em um display multimídia que fascine os clientes. Ou talvez, seja simples, com um endereço de site que ficaria encolhido pelo espaço livre em volta, levando os clientes a pensar: "Por que eles compraram este espaço todo para escrever uma URL deste tamanho?".

O Marketing de Guerrilha também é conhecido como "marketing de relacionamento", pois seu objetivo é a intimidade na conexão com o consumidor . Em uma sociedade exausta de receber ligações padronizadas e tudo automatizado, abordar os clientes como indivíduos é consistentemente bem aceito; engaja os clientes em potencial e os torna defensores de sua marca. Este é o verdadeiro poder do Marketing de Guerrilha.

Quem faz isso?

A resposta é: "Todo mundo.". Como os custos da mídia tradicional estão na estratosfera, pequenas e grandes marcas estão procurando meios inovadores para alcançar seu público.

As marcas estão começando a reconhecer o fato de que falar diretamente aos clientes de modo exclusivo e pessoal viabiliza uma conexão sólida com o produto ou serviço e pode infundir um certo grau de lealdade.

Embora pudéssemos citar inúmeras manchetes anunciando como empresas dos mais variados segmentos estão sacudindo sua abordagem de marketing para falar mais diretamente com seus clientes, não estaríamos contando nenhuma novidade.

Todos, da indústria alimentícia às de produtos eletrônicos estão recorrendo às iniciativas do Marketing de Guerrilha para ajudar a divulgar o seu produto ou marca. Mesmo grupos beneficentes e organizações sem fins lucrativos estão embarcando nessa, pois perceberam como é proveitoso criar algo dinâmico a fim de ajudar a sensibilizar e conquistar o apoio de pessoas mais suscetíveis a serem influenciadas por sua mensagem.

Por que eles fazem isso?

Os métodos tradicionais funcionam. Se não funcionassem, seriam chamados de "métodos passageiros". Entretanto, os clientes exigem mais customização e os altos custos operacionais para este tipo de mídia gera dor de cabeça para os publicitários.

Pegue os comerciais de TV, por exemplo. São impactantes, porém, o custo para colocá-los no ar pode ser muito alto.

O que você vê no ar é apenas parte do trabalho. Para produzir aquele comercial, a agência teve que contratar atores, diretores, autores, serviço de bufê, estúdio. Isso apenas para a produção. A partir daí, eles têm que pagar às redes de televisão enormes quantias de dinheiro para colocar o anúncio no ar.

Depois, há a mídia impressa. A maioria das pessoas está preferindo pegar as notícias, o placar dos jogos e as fofocas na internet. A amplitude de informações e o fato de que a maior parte é gratuita torna esta uma escolha relativamente fácil para os clientes.

Estes obstáculos requerem inovação, e este é o motivo pelo qual as marcas estão abraçando as táticas de guerrilha — porque precisam fazer isso. Os orçamentos de marketing variam de ano para ano, então, em vez de gastar tudo em um único anúncio, as marcas estão dispostas a esticar o dinheiro mais além, em pequenos métodos não tradicionais que têm um custo mais baixo e uma alta conexão com o cliente. Estes programas estão ganhando força por vários motivos:

- ✔ **São exclusivos.**
- ✔ **São direcionados.**
- ✔ **Têm um bom custo-benefício.**
- ✔ **Geram burburinhos e frequentemente recebem atenção da imprensa.**

Pode funcionar para mim e para a minha marca?

Em uma palavra, sim. Produzir uma campanha de Marketing de Guerrilha requer a elaboração de algo excitante e que se conecte com seus clientes; dessa forma, você deve encontrar um meio de usá-la para atender às necessidades de sua marca, produto, serviço ou site.

 Nosso conselho: não saia atirando. Sinta-se à vontade para testar. Verificar a temperatura da água é sempre uma atitude inteligente antes de pular nela. Para colocar os seus pés mais fundo da água, veja o capítulo 4.

Pegando a Estrada Menos Movimentada

Marketing de Guerrilha engloba uma ampla variedade de métodos para se conectar com clientes, e todos eles são mais bem executados quando feitos com criatividade impetuosa e ideias audaciosas (ainda que direcionadas).

Neste tópico, exploraremos alguns dos métodos mais comuns que os marqueteiros de guerrilha usam para tocar os clientes de maneiras inesperadas.

Indo às ruas

Existe uma ampla variedade de métodos para fazer conexões individuais exclusivas — uma campanha básica de distribuição e amostra feita pela equipe de rua, as táticas espetaculares de publicidade e os eventos para dar ao seu público-alvo a oportunidade de experimentar seu produto de um modo organizado e pessoal.

Criando novas saídas

Você não gosta de equipes de rua? Outdoors são sem graça para você? Crie sua própria saída! Em geral, a coisa mais estimulante sobre o Marketing de Guerrilha é que está constantemente evoluindo com novas plataformas criadas por empreendedores criativos.

Apresentando o experimental, o teatral, modo ponto-com

Sentimos o gosto do Marketing de Guerrilha pela primeira vez com os grupos de teatro em Nova York, cujos profissionais têm pouco capital e tentam atrair um alto grupo demográfico.

Percebemos que o que fazíamos no teatro poderia ser usado com marcas mais comerciais, o que acabou ocorrendo no mesmo momento em que a era do ponto-com explodiu. O estilo independente das empresas deste mercado deu chances para a comunidade de guerrilha usar suas habilidades. Podíamos propor o inimaginável e criar o inacreditável. Ser criativo era crucial para a sobrevivência, porque o mercado estava simplesmente saturado.

Embora a maioria das empresas ponto-com tenha tido que fechar, nos proporcionaram um dos mais destemidos estudos de caso ao levar o marketing experimental para as ruas, alguns dos quais mostraremos neste livro.

Como o seu público alvo se diverte? Onde se encontram? Sobre o que conversam? Analisando estes comportamentos, e procurando oportunidades disponíveis, uma plataforma de marketing totalmente nova pode ser gerada e proporcionar lucro.

Dominando a tecnologia

Marqueteiros de guerrilha especialistas em tecnologia adotaram completamente a internet e a tecnologia como um todo, as quais constituem o mais recente campo de batalha na luta para alcançar os clientes.

Adotar as atuais tendências e novas tecnologias na era digital funciona para se conectar com clientes onde eles normalmente estão — online.

Além da internet, outro método para conectar-se com sua base é ficar de olho nas inovações tecnológicas para divertir e informar. Observar coisas que estimulam e divertem é um outro modo de disparar o botão de "compra"dos clientes.

Divulgando seus esforços

Uma equipe de distribuição ou um espetáculo podem tocar centenas ou até mesmo milhares de clientes em potencial naquele instante, mas potencialize o poder da imprensa e você terá alcançado centenas de milhares ou até milhões!

Encontrando parceiros

Para aplicar os seus esforços em marketing, é bem provável que necessite da assistência de colegas de trabalho, da indústria, ou talvez até da ajuda de uma agência de Marketing de Guerrilha, de publicidade, ou agência de mídia. Aqui estão alguns dos contatos que você deve considerar fazer.

Colegas e amigos

Provavelmente, você tem inúmeros colegas de trabalho, amigos, ou membros da família talentosos e cujas habilidades sirvam exatamente para o que você está procurando para produzir uma campanha de guerrilha. Considerando métodos para monopolizar seu círculo interno de habilidades, você pode perceber que tem todas as ferramentas necessárias disponíveis em sua reunião de família ou evento social!

Instituição Beneficente

Trazer um fator de caridade para sua campanha ou plano não irá servir apenas a uma causa, mas também ajudará a trazer reconhecimento ao seu produto ou marca por colocá-lo em um foco muito positivo.

Setor Econômico

Dependendo do segmento em que você atua, os recursos podem ser disponibilizados através de sua participação no negócio. Talvez haja uma revista especializada, exposições ou alguma associação de empresas afins. Gratuitos ou custando algum dinheiro, podem ser exatamente o que você precisa para continuar na frente do jogo e fazer alguns contatos importantes pelo caminho.

Agência

Seja para elaborar um plano de marketing completo, seja apenas para realizar um trabalho eventual, às vezes chamar pessoas que tenham experiência nesta área pode deixá-lo mais tranquilo, com a certeza de que tudo correrá perfeitamente. Agências de publicidade provavelmente têm experiência, mão de obra e recursos para ajudá-lo a atingir suas metas de um modo eficiente e com um custo compensador.

Capítulo 2

Examinando as Suas Opções

....

Neste Capítulo
▶ Definindo Marketing de Guerrilha
▶ Compreendendo porque a guerrilha é necessária
▶ Entendendo o que é uma impressão e o quanto ela vai lhe custar
▶ Olhando para o futuro do Marketing de Guerrilha

....

A competição cria um desafio para que todos os negócios — dos titãs corporativos internacionais às lojas de esquina — garantam que vão se destacar no cenário atual, de mudanças tão rápidas. Para a maioria das empresas, a chave para colocar os ventos a seu favor está em pensar diferente, pensar em guerrilha.

Neste capítulo, nós atacamos o problema de frente. Iniciamos com a definição de como a guerrilha é diferente de algumas das ferramentas de marketing com as quais você está habituado. Assim, discutimos as origens da guerrilha e porque ela é necessária hoje em dia.

A partir daí, passamos para o próximo passo: o alcance de seus consumidores, conhecido como impressão, e o quanto você deve esperar gastar para ter sua mensagem impregnada na cabeça dos clientes. Por fim, se você estiver se perguntando "para onde todo esse pensamento louco de guerrilha vai — e será que vai durar?", nós respondemos tal questão também.

No Que a Guerrilha É Diferente?

Uma das principais formas nas quais o Marketing de Guerrilha é diferente é que ele não trabalha dentro de um conjunto estabelecido de parâmetros, como o marketing mais tradicional. Ao contrário, o

Marketing de Guerrilha se concentra em atingir os consumidores por meio da criação de uma experiência exclusiva para o seu público-alvo.

Entretanto, a prática de reimaginar maneiras de usar a mídia tradicional pode se transformar em algo não tradicional. As agências e marcas se mantêm competitivas ao aparecer com formas de usar a mídia tradicional de maneira inusitada.

Ao longo deste livro, delineamos os termos essenciais do Marketing de Guerrilha, mas o "x" da questão é que as definições são suscetíveis à passagem do tempo — o que é guerrilha muda a cada atração, equipe de rua, evento ou conceito ainda não explorado que seja executado para promover um produto ou serviço. Este espírito pretensioso é a parte verdadeiramente emocionante de se criar e usar táticas de guerrilha.

Padronizando o "impadronizável"

A guerrilha difere dos métodos mais tradicionais principalmente no sentido de que não há uma ferramenta universal de medida e nenhuma tabela de preços a partir da qual todos os marqueteiros trabalham. Essa falta de estrutura pode ser frustrante para alguns, mas achamos que, em última instância, ela permite uma maior personalização ao negócio.

Há pouco tempo, havia um movimento para trazer à tona uma ferramenta universal para medir as campanhas de marketing de eventos em particular.

O apelo reside no simples fato de que abordar o público de forma diferente funciona, daí a necessidade de se definir em termos que possam ser facilmente empacotados e vendidos.

Talvez surja uma organização dominante que padronizará as táticas e campanhas de guerrilha e criará ferramentas precisas para se medir o sucesso delas — mas, francamente, esperamos que isso não aconteça.

Assim como as pessoas, achamos que são as excentricidades e peculiaridades que tornam o Marketing de Guerrilha algo tão cativante. O faro pessoal da maioria dos marqueteiros de guerrilha para a mudança e a estranheza evitará que, algum dia, haja um conjunto formal de regras e orientações. E é assim que os guerrilheiros gostam.

Por Que a Guerrilha é Necessária?

O Marketing de Guerrilha vai além, quando os métodos mais básicos e tradicionais de alcançar os consumidores se mostram ineficientes. Eis alguns dos benefícios principais que o Marketing de Guerrilha oferece aos negócios:

- ✔ **É direcionado.** O Marketing de Guerrilha mira os consumidores específicos no local onde eles vivem, trabalham e se divertem, na hora em que eles estarão mais receptivos à sua mensagem. Em contraste com um grande outdoor que pode ou não atingir os consumidores, a guerrilha leva sua mensagem diretamente à sua audiência.

- ✔ **Tem boa relação custo-benefício.** O Marketing de Guerrilha permite criar iniciativas que façam o melhor uso possível dos recursos disponíveis — financeiros, os bens (próprios) e criativos — usando-os para maximizar a qualidade de sua mensagem enquanto mantém os custos baixos.

- ✔ **Traz exposição na mídia.** O Marketing de Guerrilha tem a ver com a criação de experiências únicas que chamem a atenção da mídia, de modo que você ganhe exposição em massa mesmo com um orçamento local.

Além destas qualidades positivas, os desenvolvimentos tecnológicos têm justificado ainda mais a necessidade de novos métodos para se atingir os consumidores. As pessoas estão ocupadas demais nos dias de hoje — há o trabalho e uma lista interminável de compromissos sociais. Por conta disso, estão muito seletivas a respeito de como passam seu tempo livre. Elas gravam seus programas na TV a cabo, obtêm notícias impressas a partir de diversas fontes e assinam rádio via satélite para evitar os comerciais. Com tais ameaças à sobrevivência das formas tradicionais de mídia, todos os tipos de marcas — tanto minúsculas quanto titânicas — estão procurando por alternativas para chegar ao consumidor de uma maneira direcionada e com boa relação custo-benefício. Mais e mais, os proprietários de empresas estão procurando por ferramentas de guerrilha para ajudá-los a atingir esse objetivo.

Tudo que era velho é novo mais uma vez

Muitos dos conceitos básicos de guerrilha apareceram antes que fossem inventadas as formas de mídia de massa que apreciamos hoje.

Um exemplo marcante são os pequenos jornaleiros de rua dos anos 1900. Espalhados por esquinas específicas para divulgar seus jornais e armados com manchetes ou assuntos chamativos, eles agiam como porta-vozes das publicações nas ruas. Estes falastrões deram lugar às equipes de ruas modernas, vestidas com os trajes da marca para promover um produto selecionado.

Com a invenção da televisão, as iniciativas de rua abriram novo caminho para a propaganda. Com o tempo, a TV deixou de ser um brinquedo de última geração para os ricos e virou uma forma estabelecida de mídia.

Agora, a Internet é o campo de batalha mais recente e oferece um terreno fértil em oportunidades criativas para o envio de mensagens aos consumidores, onde quer que eles trabalhem e se divirtam.

À medida que o tempo passa, as técnicas centrais do Marketing de Guerrilha continuam essencialmente as mesmas; o que muda é a gama de opções disponíveis para apresentá-las.

Abastecendo Seu Arsenal

Em seu plano de marketing, quando boas práticas são empregadas, deve haver pouca diferenciação entre campanhas tradicionais e de guerrilha. Um bom marketing é um bom marketing, quer ele consista de métodos tradicionais, de mídia não tradicional e métodos de guerrilha ou de uma combinação dos dois.

Como sempre nos disseram, não deveríamos apostar tudo em uma coisa só. É bom ter isso em mente ao escolher como divulgar sua presença. Após dar uma olhada introspectiva em sua companhia e para quem você quer vender, é hora de explorar as grandes questões:

- ✔ Que tipo de orçamento eu tenho?
- ✔ Onde é mais provável que os meus consumidores alvos vejam a minha mensagem e se lembrem dela?

✔ Quais tipos de mídia seriam mais atraentes para mim e representariam bem a minha marca?

✔ Que tipo de interação (se houver alguma) eu quero ter com os consumidores ao comunicar minha mensagem?

Após ter uma boa ideia do que beneficiará sua marca, você pode fazer escolhas sobre as possibilidades que tornarão sua mensagem clara.

 Nunca ache que você tem que se encaixar em um formato ou outro. É possível e, frequentemente, bastante útil e benéfico se empenhar em táticas de guerrilha mesmo enquanto se usa a mídia mais tradicional e em voga.

Obtendo uma Boa Impressão e Conhecendo os Custos

Na realidade, a maioria dos negócios requer trabalho árduo, não apenas para produzir alguma coisa de qualidade, mas também para garantir que as pessoas os conheçam. Infelizmente, espalhar a notícia normalmente não sai de graça.

Neste tópico, nós o inteiramos sobre o que é uma impressão — você já deve ter ouvido este termo por aí — e o quanto isso vai lhe custar.

O que é uma impressão?

Em marketing, uma impressão é o número de vezes nas quais um anúncio é submetido à visualização — uma impressão é o equivalente a uma oportunidade de se ver um anúncio.

No caso de campanhas que nunca foram feitas antes, o melhor que você pode esperar em termos de número de impressões é uma estimativa básica fundamentada no tráfego de pessoas naquela localidade, durante o tempo de sua iniciativa e/ou o número de pessoas que se espera que você atinja por meio dos seus elementos de distribuição (se tiver algum) e da possível cobertura da imprensa.

O quanto eu tenho que pagar por isso?

O custo de uma impressão é passado em termos de custo por milhar (CPM). O CPM possibilita aos vendedores de mídia oferecer aos seus clientes uma medida do que eles podem esperar de retorno pelos seus investimentos.

Muitas formas de mídia usam o CPM para estabelecer seus preços por anúncio. Usando este formato, digamos que você seja o proprietário da Loja de Bombons Dente Doce e decida que quer anunciar no portal Açúcar Retorcido, a primeira e última parada online para conferir as últimas fofocas da indústria de doces. Além disso, digamos que você tenha $5 mil que quer dedicar a um ano de publicidade no site.

No site, você clica no link que diz "Anuncie conosco" e vê o seguinte:

$100-$500	**$500-$1.000**	**$1.000 ou mais**
$10 CPM	$5 CPM	$1 CPM

A quantidade de dinheiro que você decide gastar dita a tarifa de CPM. Como você tem 5 mil para gastar, você está habilitado a obter a tarifa mínima. Agora, para calcular quanto vai pagar por cada impressão, simplesmente divida a tarifa de CPM por mil (já que CPM significa custo por milhar).

$1 ÷ 1.000 = $0,001 por impressão

Agora que a tarifa e o custo por impressão estão decididos, você precisa elaborar o número de unidades de CPM ou de medidas específicas de mídia (como o número de meses nos quais o anúncio será veiculado, o número de vezes que o anúncio vai aparecer e assim por diante) que eles querem comprar. Você pode fazê-lo dividindo a quantidade total de dinheiro que está pensando em gastar pela sua tarifa de CPM.

$5.000 ÷ $1 = 5.000 unidades de CPM (ou série de anúncios, ou medida de mídia).

A seguir, você precisa ver quantas impressões pode esperar obter com a compra de anúncios no valor de 5 mil reais. Para descobrir, pegue o número de unidades de CPM e o multiplique por mil (já que CPM quer dizer mil impressões).

5.000 unidades de CPM × 1.000 = 5.000.000 de impressões

Considerando a natureza tão especializada do nicho do mercado de bombons, 5 milhões de impressões em toda a duração da compra de anúncios por 5 mil reais é uma maneira muito boa de gastar algum dinheiro.

Para efeito de ilustração, a tarifa de CPM obtida pela Dente Doce foi bem baixa. Porém, muitos fatores poderiam afetar a tarifa de CPM:

- ✔ **Popularidade e tráfego da mídia.**

- ✔ **A qualidade da interação.**

- ✔ **Quão direcionada é a mídia.**

- ✔ **Quanto tempo o consumidor fica exposto à mensagem.**

Dependendo da mídia para a qual você tenda, é bom se certificar de que ela se encaixa em seu orçamento.

Muito da tarifação de CPM baseia-se nas formas mais tradicionais de mídia, como TV, rádio e impressos. O que isso significa para o Marketing de Guerrilha? O desafio é do usuário.

Como você usará os números a seu favor? Como você pode usar a informação recebida pelas medidas de CPM para criar sua mensagem? Usar estas informações com sucesso é a marca registrada do marqueteiro de guerrilha.

Para onde tudo isso vai, e será que vai durar?

O mundo do Marketing de Guerrilha gera muitas maneiras novas e interessantes de criar visibilidade e percepção para um produto ou marca.

A beleza do Marketing de Guerrilha está, definitivamente, no olhar do observador. Se estas formas alternativas de marketing continuarão ou não a proliferar e prosperar depende de para quem você pergunta.

Os céticos ainda são céticos. Aplicar dinheiro sem garantir uma venda é um argumento totalmente aceitável; compreendemos a hesitação em se separar dele.

Do outro lado do espectro, porém, estão os negócios que desfrutam de grande sucesso ao implantarem táticas que não foram usadas repetidamente.

O ponto essencial é o seguinte: as marcas usarão o que funcionar e, se o que estão fazendo deixar de funcionar, encontrarão alguma outra coisa que funcione.

Capítulo 3

As Guerrilhas Também Planejam: Desenvolvendo Seu Plano de Marketing

• •

Neste Capítulo

▶ Esboçando o mapa do caminho para uma campanha de sucesso

▶ Identificando quem você quer atingir

▶ Considerando o momento

▶ Identificando e evitando obstáculos

▶ Fazendo o orçamento

• •

*N*este capítulo, exploramos alguns dos passos e técnicas necessários para planejar uma campanha de guerrilha frutífera. Começamos ajudando-o a articular os seus objetivos, definir o que você quer fazer e modelar como vai fazê-lo com o mínimo possível de problemas. A partir daí, definimos o nosso público-alvo e traçamos a estratégia de como atingi-lo. A seguir, tratamos da Lei de Murphy e o ajudamos a antecipar aquelas pequenas desordens que podem surgir durante o curso de uma campanha. Por último, voltamos a nossa atenção àquelas planilhas eletrônicas por vezes desagradáveis e o ajudamos a criar um orçamento que reconheça as despesas para as quais você pode se planejar nos estágios iniciais da campanha.

Estabelecendo Metas, Objetivos e Estratégias

A originalidade é o que forma e define a indústria de Marketing de Guerrilha. Isso traz certos desafios. Implantações realmente únicas não surgem a partir de orientações existentes sobre como fazê-las, o que significa que você tem que traçar uma estratégia muito cuidadosamente (em outras palavras, bolar um plano).

Ao quebrar a cabeça para encontrar ideias para sua campanha de guerrilha, comece se perguntando "por que estou fazendo isso?".

Após descobrir porque está preparando uma campanha de guerrilha e o que quer alcançar com ela, você pode começar a pensar como um general e traçar a estratégia para atingir seus objetivos.

Nos tópicos a seguir, navegaremos pelo processo de definição de suas metas de guerrilha, assim como as maneiras de atingi-las.

Definindo as suas metas e objetivos

Levar adiante programas de guerrilha requer clareza. Projetar claramente o que você espera atingir o ajudará a decidir o que quer fazer e como se ocupará para fazê-lo.

Ninguém conhece as metas de sua campanha de guerrilha melhor do que você mesmo. Qualquer que seja a motivação pessoal, nos tópicos a seguir nós o deixaremos inteirado sobre algumas das razões mais populares pelas quais marcas e serviços consideram e/ou levam adiante campanhas de guerrilha para atingir os consumidores.

Aumentando a percepção de sua marca

Você comercializa porque quer vender seu produto ou serviço. As pessoas não conseguem comprar o que você está vendendo se elas não conhecem seu produto.

A razão pela qual você publica aquele anúncio, reveste aquele veículo, dá amostras do produto ou patrocina aquele evento é para que as pessoas saibam quem você é e pensem em você, e não naquele outro cara, na próxima vez que precisarem satisfazer uma necessidade.

O grau de ligação que você terá com os seus clientes em potencial varia de acordo com o tipo de campanha que você estabelece. Talvez o elo entre você e o consumidor dure apenas uma fração de segundo. Entretanto, aquela breve percepção de sua mensagem pode se provar muito benéfica para você na próxima decisão de consumo.

Dirigindo o Tráfego: na Loja, Online ou Ambos

Talvez, para você, o importante seja ver as pessoas entrando pelas suas portas — literalmente, ou em seu site. A partir daí, você sabe que vai fechar negócio.

Um apelo à ação é um pedido por parte da companhia para que os consumidores façam algo. Para ajudar a criar o seu apelo, considere incentivos, tais como ofertas especiais, recompensas (em troca de participação), descontos na loja ou cupons.

Este tipo de participação do consumidor, além da consciência básica da existência do produto, envolve pedir ao consumidor que gaste alguns momentos para manter contato com sua marca. Seja realista com o que vai pedir. Considere a proporção entre responsabilidade e recompensa.

Criando burburinho

O burburinho não é apenas fazer com que o consumidor veja e conheça sua marca, mas que ele fale sobre ela também. Para gerar burburinho, você precisa apostar em uma campanha atrativa — algo que cause uma agitação, que grude na cabeça das pessoas, e que as faça conversar sobre isso no intervalo do café na segunda-feira de manhã.

Atraindo a imprensa

Outra grande vantagem de se conduzir uma campanha de guerrilha é que se a iniciativa for particularmente notável, você pode conseguir que a imprensa o ajude a espalhar a mensagem!

Com um pouco de sorte e trabalho duro, o seu empreendimento de guerrilha será tão emocionante que a imprensa seria tola de não cobri-lo. Dito isso, algumas iniciativas se prestam mais a atrair a atenção da imprensa do que outras.

Não estamos dizendo que um tipo de evento é melhor do que o outro — mas se pretender conseguir um monte de atenção da imprensa, você precisa fazer algo que mereça cobertura.

Mantendo o custo baixo

É ótimo que você dê voz ao seu visionário interior, mas você nunca deveria tentar conduzir uma campanha — de guerrilha ou não — que esteja além dos seus recursos. Você sabe muito bem que sua companhia será bem sucedida se você tiver ciência do quanto se gasta e do quanto se recebe. O mesmo vale para executar uma operação de guerrilha. Desde o início, você tem que fazer o uso mais prudente possível de seus recursos por meio de um planejamento cuidadoso.

Avaliando os seus ativos e usando o que você tem

Planejar uma iniciativa de guerrilha pode não ser um sonho para a vida inteira, mas avaliar seus pontos fortes e seus ativos presentes pode ajudar a tornar realidade o desejo de fazer uma campanha bem-sucedida. Estimar o que você já tem em mãos o ajudará a usar, estrategicamente, seus pontos fortes para alcançar suas metas.

Seguem algumas questões rápidas que o ajudarão a levar em conta estes fatores:

- ✔ **O que você tem à sua disposição?** Faça um inventário interno do que está disponível para você. Que recursos você tem (ou pode arranjar facilmente) que podem ajudá-lo a realizar algum, senão todos os objetivos e metas?

- ✔ **O que você pode fomentar sobre o produto ou o serviço que está sendo promovido?** A opinião pública e as parcerias existentes podem ser particularmente úteis quando você está se ajustando para tirar o máximo de uma campanha de guerrilha. Quais qualidades inerentes você pode promover para aproveitar ao máximo sua campanha?

- ✔ **Há algo sem igual em seu produto ou marca que você possa trabalhar em sua estratégia para tirar o máximo de sua campanha?**

Se você oferece um produto ou serviço sem paralelos, criar ou reforçar a percepção de que você é o fornecedor exclusivo deve ser uma consideração importante em sua estratégia.

Definindo o Seu Público-Alvo

A mesma coisa vale para quando você está tentando vender seu produto ou serviço. Você precisa definir o público-alvo (o conjunto claramente definido de consumidores que está tentando atingir por meio de sua campanha de marketing — as mesmas pessoas a quem você tenta vender seu produto ou serviço) de forma que possa saber que tipo de mensagem deve transmitir e como passar esta mensagem da melhor maneira.

Seguem algumas questões as quais você pode se perguntar para definir seu público-alvo.

> ✔ **São homens ou mulheres?** Quem tem a maior probabilidade de usar seu produto ou serviço? Seu produto ou serviço pode não estar voltado inteiramente para homens ou para mulheres. Talvez, com base em pesquisa e nas vendas passadas, você imagine que 45% do seu público-alvo são homens e os outros 55% são mulheres.

> ✔ **Qual a idade deles?** Se após considerações cuidadosas você ainda não conseguir definir a faixa etária específica de seu público-alvo, escolha uma que gostaria de atingir com sua campanha específica. Você pode ter uma variação de 50 anos nas idades das pessoas que usam seu produto, mas no que diz respeito a esta campanha em especial, quem você quer atingir?

> ✔ **Onde eles vivem e/ou trabalham?** Saber onde o seu público vive ou trabalha ajudará a determinar onde e quando você deve tentar atingi-los.

> ✔ **Em qual tipo de lar você está mirando?** O tipo de lar determina, em grande parte, o modo de vida das pessoas que vivem nele. Se você souber alguma coisa sobre o lar, você sabe algo sobre como alcançar os consumidores.

> ✔ **Qual é a renda familiar deles?** Ter uma ideia geral da renda familiar anual de seu público-alvo, pode influenciar onde você escolherá atingi-los e como apresentar sua mensagem.

✔ **Eles são escolarizados e, caso sejam, até que grau?** O histórico educacional de uma pessoa pode ter influência em suas experiências de vida, seus gostos e nas atividades nas quais ela participa.

Em grande parte, o que você está fazendo aqui é lidar com generalizações amplas sobre uma população — e generalizações garantem que você receba o máximo pelo seu dinheiro. Isso apenas significa que é mais provável que você atinja uma porcentagem maior do seu público-alvo se você seguir adiante com as generalizações.

✔ **O que eles assistem, leem e ouvem?** Como a meta do Marketing de Guerrilha é estar sempre na vanguarda, você tem que ficar ligado em como os consumidores se entretêm. As melhores campanhas de Marketing de Guerrilha têm sido aquelas nas quais os consumidores foram educados e entretidos simultaneamente. É quase impossível entreter os seus consumidores se você está por fora do que os diverte.

✔ **O que pode agradá-los?** Esta é a hora em que você chega ao âmago da questão: o que você pode fazer para atingir seu alvo. O que os agradaria em um nível visceral? Humor? Apelo sexual? Um quebra-cabeça? A possibilidade de ganhar milhões? O que os fará parar e prestar atenção?

✔ **O que pode afastá-los?** Gostos e sensibilidades variam de acordo com a região e com a forma de pensar. Especialmente quando estiver tentando algo um pouco mais avançado, certifique-se de que não ofenderá a sensibilidade do seu público-alvo. Trazer algo engenhoso e diferente pode ser estimulante, mas se aquele conceito "engenhoso" e "diferente" afastar o seu público-alvo, ele pode ter o resultado exatamente contrário.

Decidindo Quando e Onde Você Quer Atacar

Cada campanha de guerrilha é única, mas aqui estão algumas das maiores questões a se considerar, quando você estiver selecionando onde e quando vai abordar seus consumidores alvos:

- ✔ **Manhã, tarde ou noite?** Um bom choque de realidade pode ser: se você fosse um consumidor e não soubesse nada sobre o produto ou campanha, a que hora do dia você estaria mais receptivo?

- ✔ **Dia útil ou fim de semana?** Escolher especificamente quando abordar seu perfil demográfico pode influenciar também como você vai falar com eles.

- ✔ **Em que momento do ano?**
  Considere a relação entre o seu produto ou serviço e a época do ano: clima, sazonalidade, férias. Mantenha estas questões em mente quando estiver planejando o momento certo para sua grande investida de marketing.

Estas são apenas algumas das considerações principais a se levar em conta ao decidir horários e locais. Dependendo de suas metas, público-alvo e campanha, você pode descobrir que tem mais ou menos questões que precisa considerar. Nossa esperança, porém, é de que estes itens o ajudarão a fazer escolhas estratégicas no que diz respeito ao "onde" e ao "quando" de sua campanha.

Identificando e Superando Obstáculos

A chave para deixar as coisas um pouco mais fáceis para si mesmo está em antecipar os problemas maiores nos estágios de planejamento. No dia de sua campanha de guerrilha, você já terá o suficiente de pequenos incêndios para apagar (consulte o tópico a seguir); portanto, se conseguir manejar os problemas mais amplos antes da hora, você será capaz de lidar com as coisas menores no local.

Entre alguns dos problemas que consideramos de grande escala, estão incluídos os seguintes:

- ✔ **Problemas com a marca:** Há algo inerente à sua marca que tende a não funcionar sempre ou a não mostrar resultados, ou possivelmente possa ser visto como algo ofensivo?

- ✔ **Problemas com a mídia:** Uma maneira de prevenir a ausência de cobertura da mídia, pela eventualidade de algum acontecimento bombástico ou outro motivo qualquer, é documentar o evento você mesmo para assim ser capaz de mandar uma foto ou um vídeo para a imprensa após o fato e, possivelmente, garantir aquela cobertura.

- ✔ **Problemas para conseguir permissão:** Se você estiver conduzindo um grande evento ou atração, contate as autoridades apropriadas e veja o que eles exigem em termos de autorizações. Por outro lado, se você estiver conduzindo uma iniciativa de rua realmente de guerrilha, você pode querer guardar os planos para si mesmo. Neste caso, simplesmente execute a programação e faça modificações de última hora na campanha se problemas surgirem (para mais informações sobre conseguir autorizações, confira o Capítulo 7).

- ✔ **Problemas com os consumidores:** De maneira similar aos problemas com a própria marca, há alguma coisa no produto ou no serviço que possa deixar os consumidores inicialmente alertas ou cautelosos? Se houver, há alguma maneira de reconhecer, evitar e/ou incorporar essa oposição ao plano de marketing de forma a possivelmente evitar qualquer confusão ou conflito?

Preparando-se para o Imprevisto

Atacar os grandes obstáculos lhe possibilitará evitar problemas que poderiam se mostrar fatais para seus planos, mas, no dia de sua campanha, pequenos problemas imprevistos brotarão.

De acordo com a nossa experiência, seguem alguns dos problemas imprevisíveis mais previsíveis e as nossas soluções para eles:

- ✔ **Locações:** Quando acidentes ou incidentes o impedirem de utilizar o local de sua campanha, tenha sempre locações de reserva e planos de apoio prontos e certifique-se de que todo mundo sabe quais são.

- ✔ **Clima:** Ninguém — agência ou qualquer outra coisa — pode garantir que faça bom tempo.

  Se for chuva que está complicando, uma solução rápida é ter à mão tendas desdobráveis e capas de chuva para a equipe usar. Se for vento forte, tenha um plano alternativo, como mudar-se para uma locação fechada ou adiar o evento para outra data. A época do ano ditará muita coisa no plano de contingência.

  Uma boa providência é pesquisar para descobrir como o clima tipicamente se manifesta na área naquela época do ano. Além disso, fique de olho no clima na semana anterior à sua campanha, para que você e sua equipe estejam prontos para quase qualquer coisa.

- ✔ **Protestos:** Se você estiver fazendo algo que envolva animais, você pode virar alvo de um grupo de ativistas.

  Mantenha os ouvidos abertos e mande seu pessoal fazê-lo também. Se você ouvir falar de algum protesto se formando, veja o que pode fazer para apaziguar os manifestantes ou, pelo menos, tenha uma resposta clara para o problema que eles têm com suas atividades.

- ✔ **Material protegido por direitos autorais:** Você pode evitar que isto se torne um problema, obtendo as permissões necessárias com antecedência.

- ✔ **Legalidade questionável:** Marqueteiros de guerrilha, às vezes, se mantêm na linha e, outras, não. Se você decidir jogar a cautela no lixo, faça-o sabendo que pode encarar repercussões sérias — além da simples interrupção de sua campanha.

Adicionalmente, leve em consideração as pessoas que estão conduzindo a campanha em seu nome. Os funcionários precisam estar cientes das repercussões em potencial, e você precisa ser capaz de viver consigo no dia seguinte. Não peça a seus empregados que façam qualquer coisa que você mesmo não faria.

✔ **Ausências:** Se você tem uma equipe com cinco pessoas, uma pessoa pode não aparecer. Leve isso em conta e tenha um amigo ou substituto em espera (pague a ele honorários modestos, é claro — quer você precise usá-lo ou não).

Se estiver trabalhando com uma agência de promotores, mantenha um número de contato para poder encontrar alguém do escritório no caso de um problema. Há uma boa chance de que eles tenham substitutos à espera ou possam utilizar o banco de dados deles para repor alguém muito mais rapidamente do que você seria capaz de fazer por conta própria.

✔ **Problemas com fornecedores e parceiros:** Às vezes, apesar de seus esforços, pôr o sucesso do seu evento nas mãos de outros nem sempre termina com o final feliz que você esperava.

Seja uma peste — da maneira mais afetuosa possível, é claro. Repassar o plano de ação (e o Plano B) diversas vezes pode irritar fornecedores e parceiros, mas preferimos ser irritantes a deixar os nossos parceiros no escuro sobre o que se espera deles. Adicionalmente, certifique-se de ter os números dos telefones celulares (e talvez até mesmo os números residenciais) dos seus fornecedores, para obter relatórios de progresso, caso alguém esteja atrasado. Dessa forma, você também tem alguém para quem ligar caso algo saia dos trilhos.

Além disso, não pense que só porque chegou ao local poderá se ausentar. Permanecer no local garante que as coisas ficarão prontas do jeito certo.

Removendo os Números

Lá atrás, no começo do seu processo de planejamento, você estabeleceu a meta admirável de manter-se dentro do orçamento. Após considerar todos os elementos necessários para conduzir uma campanha de guerrilha, você precisa fazer algumas escolhas e calcular o quando pode gastar.

Segue uma lista simples com alguns dos itens que pode precisar incluir:

- **Equipe.**

- **Autorizações e permissões.**

- **Elementos de produção.**

- **Prêmios, serviços impressos e aparato de distribuição.**

- **Custos de transporte.**

- **Taxas de locação.**

- **Vestuário e/ou fantasias.**

- **Custos de agentes publicitários ou de relações públicas.**

- **Atividades de marketing pré-promocional, como outdoors, banheiros, rádio ou outras compras de horário ou espaço em mídias mais tradicionais.**

- **Trabalho subcontratado.**

- **Custos gerais ou fundos de contingência.**

Nem todos estes elementos serão necessários para todas as campanhas. Por exemplo, uma campanha com equipe de rua provavelmente não incorporará honorários para artistas e viagens para fora da cidade que um espetáculo em larga escala exige.

De qualquer modo, para todo tipo de campanha, é necessário identificar os elementos dos quais vai precisar e elaborar um orçamento. Liste-os individualmente, verifique ou estime o custo e a quantidade de cada um, e some tudo: pronto, agora é procurar se manter fiel a este total. A Tabela 3-1 mostra um orçamento de equipe de rua como exemplo.

Tabela 3-1	Orçamento para Equipe de Rua para 8 Funcionários, 2 Dias e 4 Horas Por Dia			
Item	*Quantidade*	*Horas*	*Custo por*	*Total para o Cliente*
Gerente de evento	1	8	$35	$280
Equipe de distribuição	8	8	$35	$2.240
Peões de obra	2	8	$35	$560
Taxas de van/gasolina/estacionamento	1	1	$350	$350
Vestuário	8	1	$40	$320
Peças impressas	10.000	1	$0,10	$1.000
Prêmios	10.000	1	$0.50	$5.000
Diversos				$500
			Total	**$10.250**

Capítulo 4

Pensando Como um Guerrilheiro

*F*azer arte é difícil. O Marketing de Guerrilha requer certa vocação artística em sua concepção e, em última análise, na execução.

Não importa em que negócio você esteja, ter ideias para táticas de guerrilha exige que você pegue todos aqueles pensamentos moderadamente psicodélicos, todas as piadas internas que você já ouviu e todas as maluquices em geral para descobrir como pode renová-los de forma que funcionem especificamente para suas marcas.

Neste capítulo, mostraremos as táticas que o ajudam a explorar cada fresta de sua marca que possa ser usada para beneficiar seu negócio. Para começar, estabelecemos parâmetros básicos de pensamento livre para conseguir filtrar possibilidades. Depois, passamos para alguns disparadores de pensamento analisando tudo que já foi feito antes, em busca de inspiração. E por fim, reservamos um tempo para você deixar as ideias em potencial assentarem, fazer uma escolha e tomar as providências necessárias para executar sua iniciativa de marketing.

Mantendo-se Criativo, Envolvido e Aberto a Ideias

Este tópico é divertido! Uma boa reunião para discutir as ideias de guerrilha lhe dá a chance de pegar todas as coisas que o excitam sobre sua marca e brincar com elas, para ver que tipo de ideias de marketing você consegue produzir quando maximiza o que há de bom sobre o que você faz e quais os recursos disponíveis.

Depois de fazer isso, você se pergunta: "O que posso fazer ou dizer que permitirá que eu me sobressaia dos demais?".

Para responder, mostramos a você como criar um ambiente para ajudar a pôr todo mundo no papel de consultor criativo, com liberdade para dizer praticamente qualquer coisa que ajude a criar uma campanha de guerrilha que faça todos baterem na própria testa e dizer "É isso!".

Parece bom? Achamos que sim.

Criando o ambiente

Quando você quer relaxar, talvez vá a um spa — onde deleitar-se em lama terapêutica, esfoliar-se com cremes faciais de morango e abacate e cochilar sob melodias de harpas New Age proporcionam o ambiente perfeito para escapar do desgaste diário. Refúgios como estes dominaram um elemento que é essencial para as reuniões de discussão de ideias, assim como para o relaxamento: o contexto ambiental.

Quando estiver se preparando para conduzir a reunião de discussão de ideias, a famosa *brainstorming*, você precisará criar um ambiente adequado para propiciar o resultado desejado: sua criatividade.

Considere o que ajudará a produzir um ambiente condutor de criatividade. A resposta vai variar de um grupo de pessoas a outro, portanto, você precisa falar com sua equipe e ver o que ela gostaria de ter como parte do processo.

Isso feito, apresente algo inesperado. Talvez entregar a todos um grande bloco de desenho, adicionar música ou uma breve apresentação ao vivo de alguém. Claro, isso pode gerar alguns olhares de desdém inicialmente, mas também pode ser um elemento ambiental que desperte uma revolução criativa!

 Para facilitar o processo e encorajar a participação em tentativas futuras, recompense os participantes com um pequeno símbolo de sua gratidão. Um vale-presente da cafeteria local ou algo assim demonstra que você aprecia a presença e a participação deles.

Dispondo as ferramentas

Imagine que você está tentando conseguir ideias para comercializar um produto com o qual sua equipe nunca trabalhou na vida. O que você pode fazer para que o pessoal se mobilize?

 Dê a eles as ferramentas para trabalhar por você:

- ✔ **Histórico:** O que já existe sobre este produto que possa ser usado para gerar ideias?

- ✔ **Amostras:** Dê à sua equipe a oportunidade de experimentar o produto.

- ✔ **Acesso à internet:** Procure pelo site do produto para informações adicionais.

- ✔ **Acesso aos especialistas:** Convide parte do público-alvo para seu círculo e observe como o retorno deles pode temperar suas ideias.

Estabelecendo os parâmetros

Antes de pôr as mentes imaginativas de sua equipe para trabalhar, exponha algumas considerações (parâmetros básicos que guiam e informam uma sessão de desenvolvimento de ideias):

- ✔ **Metas e objetivos:** Diga a seu pessoal o que você espera realizar com o encontro.

- ✔ **Sua faixa demográfica alvo:** Mostre para a equipe, do modo mais específico possível, quem você está tentando atingir com a campanha.

✔ **Momento:** Você está procurando por algumas boas ideias para serem implantadas ao longo do próximo ano? Dos próximos três meses? No verão ou no finalzinho do inverno?

✔ **Locações:** Não deixe que a locação o limite, mas procure observar que características a locação empresta à sua campanha.

✔ **Principais atributos da marca:** Se algo já funcionou no passado, jogue-o no remix de ideias. Se há coisas que são inerentes à marca — como slogans de campanha, mascotes, *jingles* ou outros ícones — considere como, e se, elas devem ser incorporadas.

Nomeando um escriba

As considerações já foram mostradas para que todos as vejam e considerem, e você está a poucos segundos de abrir as comportas para deixar fluir a enxurrada de ideias. Porém, antes de fazê-lo, você precisa delegar um taquígrafo ou escriba para documentar o que, com certeza, será um dilúvio de grandes proporções.

Este registro pode ser feito da forma tradicional, por escrito, ou, se for conveniente, encarregue seu escriba de transcrever as ideias em um quadro-negro, ou em um bloco de folhas destacáveis em um cavalete (isto também pode servir como um registro escrito do que foi dito, para que você não esqueça nenhuma sugestão potencialmente útil).

Começando o desenvolvimento de ideias

O palco foi montado, as considerações foram dispostas à vista de todos e o método de registro foi estabelecido. Solte os bichos! À medida que as ideias surgem, seja em conta-gotas ou em uma enchente, tenha as seguintes sugestões em mente para aproveitar ao máximo o tempo.

Não julgue

"Acho que essa é uma ideia terrível".

Ao desenvolver ideias, esta frase — ou qualquer variação dela — nunca deve ser proferida. Este tipo de negatividade não tem lugar em sua reunião de desenvolvimento de ideias.

O que de repente surgiu como a coisa mais estúpida que você já ouviu na vida pode crescer e se tornar a campanha brilhante que ninguém imaginava.

Permita que carreguem outros nos ombros

Quando se está desenvolvendo ideias, uma forma eficiente de manter o processo em movimento e evoluindo em direção à ideia que você está procurando é "carregar nos ombros" (pegar o pensamento ou ideia de outra pessoa e adicionar seu toque ao pessoal ao conceito). Uma boa ideia pode inspirar alguém a adaptá-la ou aperfeiçoá-la, e a partir daí é passada adiante até resultar na melhor da noite.

Explorando o Já Explorado e Refinando o Já Existente

Há uma antiga canção chamada *Não Há Nada de Novo Sob o Sol* que defende a tese de que, essencialmente, já vimos tudo antes. Embora pudéssemos fazer o raciocínio mais positivo de que o melhor ainda está por vir, há padrões de campanhas e tentativas anteriores que podem ser úteis para despertar ideias para as suas próprias campanhas.

 Alguma vez você já viu uma iniciativa de marketing acontecendo e pensou: "Uau, por que eu não pensei nisso"? Ou talvez tenha notado algo especial que achou que poderia aplicar à sua marca. Este é o momento de jogar ideias como esta no caldeirão. Talvez uma ou mais das ideias fique à margem, mas uma delas também pode acabar encontrando o caminho até o topo. Não descarte nada!

Nos tópicos seguintes, mostramos como você pode se apropriar das campanhas do passado e fazê-las funcionar para sua marca.

Por que ninguém pensou nisto antes?

O inverso de olhar para o passado e pensar: "Por que eu não pensei nisso?" é pensar "por que ninguém pensou nisto antes?". A nossa resposta: porque você é bom! Quem sabe? Podem existir diversos motivos pelos quais os itens que você levantou não foram feitos no passado:

✔ **A ideia é tão óbvia que ninguém pensou nela.** Os conceitos mais perfeitos podem ter sido negligenciados simplesmente porque eram tão óbvios que ninguém sequer pensou que eles pudessem ser eficazes.

Para evitar este destino, não deixe de revirar nada. Ao explorar completamente todas as possibilidades — óbvias e abstratas — você pode encontrar uma ideia que deixará outra pessoa se perguntando por que ela não pensou nela primeiro.

✔ **Talvez outra pessoa tenha pensado nisto, e apenas nunca achou que pudesse acontecer.**

Não caia na armadilha de dizer "não" antes de sua ideia sequer sair do chão. Especialmente na fase de desenvolvimento de ideias, considere tudo uma possibilidade!

Alguém tentou fazer isso funcionar antes, mas por algum motivo ou outro não conseguiu fazer acontecer. Como se sabe, o mundo dos negócios está em constante mutação. Sua grande ideia pode ser tão grande que alguma outra pessoa compartilha de seu entusiasmo, mas ela simplesmente não é viável por algum motivo.

✔ **Alguém em algum lugar fez isso, mas você simplesmente nunca ouviu falar.** O mundo é um lugar enorme e belo, cheio de incontáveis pessoas criativas. Só porque você nunca ouviu sua ideia sendo realizada antes, não quer dizer que ela nunca foi realizada. O lado bom é que, se você nunca ouviu falar dela, há boas chances de que mais ninguém em sua área tenha ouvido falar também. Portanto, tire proveito da notoriedade (regional, no mínimo) de sua marca.

Adotando campanhas que funcionaram no passado

É essencial ter uma boa noção sobre o que já se mostrou bem-sucedido para se criar ideias inéditas e inovadoras. O desafio é reduzir ao essencial as ideias matadoras que funcionaram no passado e ver o que as fez se destacarem.

 Ao desdobrar porque uma campanha em particular funcionou no passado, tente resumir este sucesso em uma sentença central abrangente.

 Livre-se do desejo de amarrar suas ideias diretamente à sua marca. Quais atividades, eventos, entretenimentos ou outros compromissos empíricos lhe deixaram uma forte impressão? Use estas conexões viscerais de experiências aparentemente não-relacionadas para gerar ideias que possam ser posteriormente implantadas e trabalhadas sob medida, para tornar sua campanha de guerrilha atraente.

Não estamos sugerindo cópia ou plágio; porém, se, por exemplo construir uma gigantesca estrutura em uma área bem movimentada parece chamar a atenção de sua mídia-alvo, talvez valha a pena considerar algo semelhante (ainda assim, diferente o suficiente do que já foi feito no passado) para sua atração mais recente.

 Muitas das técnicas usadas por marqueteiros hoje em dia são facilmente reconhecidas pela maioria dos consumidores; logo, quando uma marca nada contra a corrente, zombando das práticas aceitas, ou não dando ouvidos a elas, tende a chamar bastante atenção.

Ajustando o que funciona à sua marca

Talvez possa pegar o que deu frutos no passado e adicionar seus próprios toques de classe para produzir algo impressionante e (aparentemente) original. Siga estas dicas para pegar o que já foi feito e torná-lo algo próprio:

✔ **Mude o lugar onde foi feito.** Digamos que você tenha uma companhia que venda iates de luxo. Ver uma escultura de areia personalizada na praia é uma escolha bem previsível para sua marca. Logo, seja imprevisível! Mande entregar areia em sua vitrine ou em outro local onde seus barcos estarão em exposição, e faça a obra de arte ao vivo, no lugar. A criação e a apresentação do produto finalizado em um cenário ímpar pode se mostrar tão intrigante quando o trabalho em si.

✔ **Mude quem está participando.** As pessoas amam uma história de peixe fora d'água — é uma das nossas narrativas favoritas.

Se uma ideia previamente executada foi um claro sucesso, dê outra olhada nela e veja o que pode acontecer se você trocar os participantes e convidados originais por um grupo que fará sua iniciativa se destacar. Tudo depende do que vai criar um contraste mais dinâmico com o que está sendo executado.

✔ **Aumente o tamanho usado ou o tempo que durou.** Mais alto, mais rápido, mais engraçado, maior, melhor, mais longo. O Marketing de Guerrilha envolve certo grau de arrogância. Às vezes, a ideia não é negar a força de uma campanha — é superá-la de forma que as tentativas anteriores empalideçam na comparação direta.

No entanto, cuidado: reinventar algo que já foi feito antes só funciona se você fizer algo melhor. E isto é especialmente verdadeiro quando se está tomando emprestada a essência de um conceito executado recentemente por um competidor direto.

Deixando Correr, Deixando Cozinhar e Compreendendo

Após ter liberado suas forças, vir com alguns ótimos novos conceitos e explorar esforços bem-sucedidos do passado, distancie-se um pouco disso tudo. Dê às suas ideias uma chance de se assentar. O processo criativo pode ser exaustivo, portanto, dê a si mesmo e à sua tropa a oportunidade de tomar um fôlego coletivo.

Depois que você e sua equipe tiverem a oportunidade de cozinhar as ideias, então voltem e revisem as ideias principais, pesem seus prós e contras, façam uma escolha e comecem a mapear um plano para o seu sucesso. Seguem algumas questões para vocês se perguntarem quando se reagruparem, a fim de selecionar o melhor programa:

✔ Qual conceito vai agradar melhor o seu público-alvo? Você está tentando atingir os consumidores ou a imprensa? Qual conceito o posiciona melhor para atingi-los efetivamente?

✔ Qual conceito é o mais inovador e original?

✔ Qual conceito representa melhor a marca?

Após ter revisto as ideias e levado em consideração estas indicações, é provável que uma ideia tenha se destacado das outras. A partir daí, você precisa refinar ainda mais o conceito escolhido, adicionando nuances e elementos que o deixarão o mais poderoso possível, e esboçar os planos necessários para transformar em realidade este conceito elaborado coletivamente.

 Se, na conclusão do processo de desenvolvimento de ideias e seleção, você ainda não tiver um conceito que salta aos olhos, dê um tempo por um dia ou dois e repita o processo com uma perspectiva fresca. Ensaboe, enxágue e repita.

Pondo os planos no papel

Você pesquisou, desenvolveu ideias e decidiu o que quer fazer. Agora é hora de mobilizar o seu plano. Nesta fase, não deixe de contar sua estratégia a todos em sua equipe e de dar a eles as ferramentas necessárias para ajudá-lo a transformar o seu plano em realidade.

Faça, agora, o que nós chamamos de síntese de projeto (um documento que dispõe todos os detalhes do seu programa para que todos vejam). Independentemente do conceito que você escolher, sua síntese de projeto deve incluir os seguintes itens:

✔ Data e momento de sua campanha.

✔ Locações.

✔ Toda a equipe envolvida e necessária.

✔ Elementos de produção.

✔ Detalhes do local (se apropriado).

✔ Condições de cada elemento (pendente, aprovado, guardado e assim por diante).

✔ Oportunidades ou considerações relativas à imprensa (se apropriado).

✔ Autorizações ou permissões requeridas (se apropriado).

Todos os envolvidos na campanha devem ter a chance de revisar o documento antes que ele seja finalizado, de forma que eles todos tenham a oportunidade de dar sua opinião. Buscar o retorno de todo mundo envolvido o permitirá esclarecer o plano ainda mais e também lhe dá chance de desatar os nós e limpar quaisquer problemas antes que eles se tornem obstáculos intransponíveis (para ler mais sobre as partes que devem estar envolvidas, vá para "Montando sua equipe", mais adiante neste capítulo).

Fazendo um orçamento

Você conduz um negócio de sucesso monitorando cuidadosamente o que você está gastando em comparação ao que está produzindo. Para garantir que obtenha o máximo a partir do dinheiro que está gastando, você precisa fazer — e manter — um orçamento.

Neste livro, mostramos diversas despesas que estão geralmente associadas a tipos específicos de campanhas de Marketing de Guerrilha, mas independentemente do tipo de campanha que você escolher fazer, tirar um tempo para criar um orçamento é importante. Um orçamento básico deve contemplar a estimativa de custos dos itens envolvidos em uma campanha: equipe, vestuário, materiais, local, sinalização e diversos. A Tabela 4-1 lhe dá um exemplo de um orçamento básico.

Tabela 4-1		Um Orçamento Básico		
Item	*Quantidade*	*Orçado*	*Real*	*Observações*
Equipe	6	$250	$200	2 pessoas no evento, 4 na rua
Vestuário	6	$120	$120	

Item	Quantidade	Orçado	Real	Observações
Materiais	500	$250	$225	Economizou nos custos de envio
Local	1	$5.000	$5.000	
Sinalização	4	$1.600	$1.200	Achou alternativa mais barata de sinalização
Diversos	1	$2.000	$1.225	
Relatório de Recapitulação	1	$50	$50	
	Totais	**$9.750**	**$8.020**	
	Total economizado	**$1.250**		

Especialmente se for sua primeira campanha de Marketing de Guerrilha, você pode acabar estourando o orçamento em algumas áreas. Para ajudar a compensar estes custos extras, dê a si algum espaço de manobra incluindo uma categoria de "Diversos", para ajudar a cobrir custos imprevistos.

Dividir o seu orçamento em custos orçados e custos reais o ajudará a controlar onde você foi capaz de economizar dinheiro e onde gastou mais do que esperava. Dispor os seus orçamentos desta maneira o ajudará em sua próxima campanha.

Montando sua equipe

Você colaborou com ideias, começou a fazer o orçamento, e agora é hora de selecionar os membros da equipe. Isso pode significar desde aproveitar pessoas de sua empresa, até arranjar um profissional de marketing para dar à sua campanha o acabamento que você está procurando.

Mais adiante neste livro, o inteiramos sobre os membros necessários para a equipe que estará envolvida em cada tipo de iniciativa. Porém, nos tópicos seguintes, oferecemos uma olhada rápida nas pessoas que você deve considerar.

Reunindo equipes de rua

Quando estiver montando uma equipe de rua, certifique-se de que você tem as seguintes pessoas:

✔ Um grupo de indivíduos amigáveis, atraentes e extrovertidos que possam representar você e sua marca eficientemente na rua.

✔ Um gerente que possa ser o contato nas ruas entre você e as equipes — alguém que esteja de prontidão dia e noite.

Consulte o Capítulo 6 para saber mais sobre equipes de rua.

Planejando um evento

Quer você esteja trazendo pessoas para um lanche e um vídeo de treinamento, quer esteja dando uma festa de lançamento VIP , há algumas pessoas que você vai querer ter ali no canto:

✔ Pessoas do ramo audiovisual para cuidar da iluminação e do som.

✔ Um fornecedor de mantimentos que cuide da comida, da bebida, dos aluguéis e da decoração básica.

✔ Alguma forma de entretenimento — uma banda, um DJ, ou talvez uma cartomante para entreter os seus convidados durante o evento.

✔ Equipe de assistência a tudo, desde cumprimentar os convidados a encher bolsas com brindes e limpar o local quando a noite acabar.

Para encontrar o grupo que fará do seu evento um sucesso, procure primeiro no local. Se não for o caso, cheque recursos online de produção de eventos.

Criando prêmios ou materiais de distribuição

Nunca subestime o poder do brinde — alguma forma de prêmio que os consumidores possam levar de seus eventos. Para ajudar a criar materiais que sejam profissionais e atraentes, você vai querer recrutar os serviços das seguintes equipes e fornecedores:

✔ Alguém que cuide do layout e do design.

✔ Um fornecedor para a produção de elementos de distribuição.

✔ Aparato de entrega.

Entrando online

Como discutimos nos Capítulos 12 e 13, a internet é um terreno fértil para plantar as sementes de sua marca na mente dos seus consumidores. Para ajudá-lo a fazer isso de modo eficaz, você vai querer recrutar os seguintes inovadores da Internet:

✔ **Um webdesigner:** Certifique-se de que você arranjou um designer que o entenda e entenda sua marca — e que possa apresentar ambos da maneira mais positiva.

✔ **Um webmaster:** Você vai querer certificar-se de que alguém está supervisionando o seu site e suas iniciativas na web.

 Alguém deve ser responsável também por vigiar os pontos principais e rastrear quais esforços de marketing online funcionaram, e quais não funcionaram.

Preparando-se para puxar o gatilho

Você abraçou o processo completamente e, em resultado, tem um programa inteiramente formado e orientado a metas. Antes de lançar sua campanha, não deixe de fazer o seguinte:

✔ **Confira novamente os detalhes:** Cheque novamente as condições específicas — até mesmo as coisas mais simples, como data, hora, local, clima e assim por diante — e se assegure de que todo mundo em sua equipe está ciente destas especificidades também.

✔ **Reveja os materiais impressos.** Antes de levar quaisquer dos seus materiais para produção, exija uma prova de tudo para que possa ter certeza de que todos os detalhes estão corretos.

✔ **Cheque sua equipe.** Nunca dê como certo que todos saibam o que se espera que eles façam. Quando for apropriado, conduza sessões de treinamento. No dia anterior à sua campanha, faça com que sua equipe ligue para confirmar que eles estarão lá.

✔ **Certifique-se de que você está pronto para pagar o local e os fornecedores.** Confira se alguém exige pagamento na hora e tenha um talão de cheques à disposição. Além disso, certifique-se de que você tem algum dinheiro extra à mão para aquelas coisas de última hora, como itens emergenciais e gorjetas.

✔ **Registre tudo.** Mantenha sua câmera digital, câmera de vídeo, papel e caneta à disposição para registrar cada belo momento. Você também pode considerar contratar um fotógrafo profissional para cobrir o seu evento. Esta documentação não apenas oferecerá registros dos seus esforços, como também o ajudará posteriormente a analisar os sucessos e falhas de sua campanha.

Capítulo 5

Trazendo o Armamento Pesado: Agências de Marketing de Guerrilha

• •

Neste Capítulo

▶ Identificando a hora de contratar uma agência de marketing

▶ Encontrando a agência perfeita para você

▶ Considerando o custo

▶ Sabendo a hora de dizer adeus

• •

Conforme demonstramos neste livro, muitos, se não todos os programas que você criou, podem ser feitos por você mesmo. Porém, em alguns casos, você pode decidir que é hora de buscar alguma assistência e chamar uma agência de Marketing de Guerrilha para ajudá-lo a transformar o seu plano em realidade.

Começamos tratando da hora de buscar ajuda, pesando algumas das considerações comuns que levam companhias a buscarem as competências de uma agência não-tradicional. A partir daí, sugerimos onde procurar por ajuda e, enfim, nós ajudamos a decidir quem contratar. Após ter selecionado suas forças especiais de marketing, damos uma olhada no quanto esta colaboração irá lhe custar. Finalmente, falamos do momento de partir — deixando-o ciente de quando é hora de encerrar o seu relacionamento e seguir em frente.

Identificando a Hora Certa

Decidir que você quer usar táticas de guerrilha pode ser por si mesma uma decisão pioneira para algumas companhias. Naturalmente, você quer ter certeza de que é a decisão certa para você e sua marca. Com isso em mente, observamos algumas das razões mais típicas pelas quais os negócios olham para as agências de Marketing de Guerrilha.

Quando você não tem dinheiro para a grande mídia

Uma das razões principais pelas quais as pessoas se voltam para a mídia não-tradicional é que ela pode ser usada habitualmente por menos dinheiro do que a maioria das formas tradicionais de mídia. Além do mais, muitas agências de guerrilha já oferecem uma estrutura preexistente de serviços que você pode usar para pôr o seu produto lá fora por uma etiqueta de preço que se encaixa melhor dentro do seu orçamento.

Por exemplo, uma agência poderia conduzir uma campanha de rua simples ou produzir um micro site divertido para criar uma presença online única, a um custo relativamente baixo.

Quando comparados com métodos mais tradicionais, mais e mais negócios estão usando agências de guerrilha para ajudar a lhes trazer opções que proporcionem um grande impacto por muito menos dinheiro.

Quando os métodos tradicionais não resolvem

Expectativas são importantes quando se está gastando em marketing. Se pagamos a alguém um monte de dinheiro para veicular um comercial de TV brilhante, mas que não produz aumento nas vendas, achamos que é hora de descartar aquele comercial e pensar em alguma outra coisa. Um método alternativo pode ser contratar uma firma de guerrilha para arrebatar o seu público-alvo.

Outra forma pela qual as mídias tradicionais podem não representar a direção que você está pensando em tomar acontece quando os impressos, o rádio, os outdoors ou outras mídias de massa simplesmente não conseguem fazer o que você quer. Se você conceituou uma campanha que é tão estupenda que estas mídias não são capazes de executá-la, há boas chances de que tenha criado algo verdadeiramente inesperado — ou, no mínimo, algo realmente guerrilheiro e merecedor de burburinho. Em tais situações, muitas marcas consideram útil contratar uma agência não-tradicional que possa auxiliar a dar forma à tentativa e garantir que ela ocorra da maneira que você a visualizou.

Quando você tem que se mexer

Negócios mudam rapidamente. O que era a prioridade maior de repente se encontra no lixo hoje, e aquele projeto menor e tolo rapidamente toma o centro do palco.

Com estas prioridades inconstantes, muitas companhias descobrem que, quando finalmente amarram uma campanha, precisam engrená-la imediatamente. Com um prazo apertado, elas podem não ter o tempo ou o suporte interno necessários para dar a partida na campanha. É aqui onde as agências de guerrilha podem entrar e dar uma mão.

A maioria das firmas respeitáveis têm a experiência, os contatos, os materiais e a mão de obra já disponíveis para ajudá-lo a realizar o seu conceito e o seu cronograma. Tempo é dinheiro, portanto, optar pela busca dos serviços daqueles já preparados, quando se está no aperto, pode acabar economizando tanto tempo, quanto dinheiro.

Decidindo Quem Contratar

Embora a contratação seja completamente subjetiva, você precisa garantir que a agência que você selecionar tenha os recursos certos e uma noção firme de suas necessidades. Neste tópico, jogamos alguma luz em quem está por aí, o que eles fazem e o que você pode esperar em retorno pelo seu dinheiro.

Identificando as agências e opções

 Se você não tem tempo para sair por aí e pesquisar agências e autônomos, uma saída são os consultores. Eles podem ajudá-lo a identificar qual é a agência certa para você e contratá-

la para o serviço ou podem até serem capazes de tocar o trabalho. Normalmente, consultores são reservados para grandes companhias. Você pode encontrá-los ao fazer uma simples busca online.

Quanto às agências, seu perfil é dos mais variados. Algumas são tão pequenas a ponto de ter cinco pessoas; outras têm centenas de funcionários, nacionais ou internacionais. Algumas são de propriedade independente; outras são controladas por empresas maiores.

A chave para se encontrar a agência certa para você está em saber o que você precisa. A seguir temos algumas necessidades comuns, junto com informações sobre quem você deveria estar procurando para ajudá-lo a satisfazê-las:

✔ **Comprar e dispor mídia:** Se isso é tudo o que você precisa, você pode tratar diretamente com fornecedores. Esta abordagem oferece uma linha de comunicação mais direta e tem o benefício extra de cortar os seus custos gerais.

✔ **Lidar com a imprensa e tomar conta das relações públicas:** Se você já tem tudo alinhado para conduzir o seu evento e apenas precisa de uma mão com a imprensa e com as relações públicas, você pode contratar um publicitário autônomo ou firma de relações públicas para ajudá-lo (para saber mais sobre a contratação de relações públicas, consulte o Capítulo 17).

✔ **Contratar uma equipe de rua:** Se você decidir que quer usar uma equipe de rua, você pode querer chamar uma agência de empregos para auxiliá-lo. Embora a agência possa não ter os recursos ou o histórico para ajudá-lo a dar forma a um plano de marketing mais abrangente, ela deve ter um banco de dados de pessoal disponível.

Embora as agências de empregos ajudem-no a encontrar pessoas apropriadas que tenham experiência com trabalho promocional, tenha em mente que, quanto mais especializado for o pedido e as obrigações, mais cara fica a fatura.

✒ **Executar um plano intenso de Marketing de Guerrilha:** Se você decidiu ir direto ao que interessa no Marketing de Guerrilha — o que frequentemente envolve alguma variação de equipes de rua, acrobacias publicitárias, propaganda móvel e assim por diante (sobre os quais elaboramos mais na Parte II) — chegou a hora de chamar aqueles que se especializam em Marketing de Guerrilha "de raiz". Eles podem ajudá-lo a montar uma estratégia e executá-la.

Embora muitas agências ofereçam o mundo inteiro, algumas delas vão se especializar mais claramente em uma área em vez de outra. Não deixe de perguntar à agência que estiver considerando qual sua área de especialização.

É um mundo enorme lá fora. Não ache que você tem que usar uma agência localizada no final do quarteirão, simplesmente porque ela fica no final do quarteirão. Só porque você contratou uma empresa do outro lado do país, não significa que não receberá atenção pessoal. A era digital permite aos clientes e agências que desfrutem de quanto contato o cliente precisar, seja muito ou pouco.

Ao dispor as agências em potencial, não julgue um escritório com base em seu tamanho. A natureza versátil da guerrilha pode levar a aparências enganadoras. Grupos menores já trabalharam para companhias bem maiores, e agências maiores às vezes pegam clientes bem menores.

Além disso, só porque a agência não conhece o seu negócio, não significa que você deva descartá-la. Às vezes, trazer agências com outros focos pode ser um novo sopro de vida em tentativas já existentes — elas abordarão sua marca de uma maneira que você pode não ter considerado antes.

Classificando os candidatos

Você está chegando perto de selecionar a agência que será a porta-bandeira de sua organização. Como você faz a seleção final? Há diversas maneiras universais de se fazer isto:

- ✔ Examine o site da agência e desenterre qualquer informação de mercado que puder encontrar.

- ✔ Emita uma solicitação de proposta e veja como eles reagem às suas necessidades.

- ✔ Peça referências de companhias que já trabalharam com eles no passado.

Investigando os sites das agências

Frequentemente, o site de uma agência vai conter trabalhos passados conhecidos como o portfólio da agência. O site deve prover uma amostragem dos métodos de operação da agência. Entre as coisas para se procurar, estão os detalhes de campanhas passadas, os tipos de clientes com os quais a agência tem (ou teve) relacionamento, estudos detalhados de casos e reações dos clientes.

À medida que examina o site, considere sua reação. Esta agência compartilha o tipo de visão que você tem para sua companhia? Se a resposta for sim, envie um e-mail ou pegue o telefone para pedir mais informações.

Emitindo uma solicitação de proposta

Envie para a agência uma solicitação de proposta (SdP), um documento preparado a fim de induzir ofertas de fornecedores em potencial para um produto ou serviço.

 Não recomendamos a emissão de uma SdP para uma campanha menor. Se estiver preparado para gastar tempo e dinheiro em uma campanha de certo porte, entretanto, emitir uma SdP formal pode ajudá-lo a avaliar um punhado de agências que acreditem se adequarem a seus critérios.

Uma SdP leva algum tempo para ser preparada — e as agências precisarão de algum tempo para preparar suas respostas. Eis algumas coisas a serem incluídas em sua SdP:

- ✔ **Informações específicas sobre os serviços que você está procurando, com o máximo possível de detalhes.**

✔ **Que informações você gostaria de receber sobre a agência enviando a oferta de negócio:** Por exemplo, você pode estar interessado no histórico da agência, no número de funcionários e em quem será designado para o projeto se eles receberem o negócio.

✔ **Quaisquer critérios de elegibilidade ou desqualificação do fornecedor:** Isto pode incluir trabalho com marcas concorrentes, ter uma equipe grande o suficiente para adequar-se às suas necessidades e ter experiência em campanhas como a sua.

✔ **Datas relevantes:** Isto inclui a data final de inscrição, a data para a submissão de informações suplementares, as datas para quaisquer entrevistas ou reuniões abertas associadas, a data em que a decisão será tomada e o cronograma desejado para o projeto.

Pedindo referências

Quer você tenha dedicado tempo a emitir uma SdP (veja a seção anterior), quer tenha simplesmente contatado diversas agências, quando tiver reduzido sua lista para uma, duas ou três agências que forem escolhas viáveis para sua campanha ou iniciativa, solicite referências de clientes atuais ou passados.

Voltando Sua Atenção para a Grana

Após a pesquisa toda, é hora de falar seriamente e ver quanto este investimento vai lhe custar. Obviamente, os custos irão variar dependendo da complexidade do que você está pedindo à agência.

A fim de ter certeza de que você e sua agência estão falando a mesma língua, você precisa concordar e assinar um contrato de prestação de serviços antes do projeto começar. Estes contratos ajudarão a delinear os custos principais, assim como os custos adicionais.

À medida que o lançamento de sua campanha se aproxima, os custos podem ser refinados ou diretamente modificados. Certifique-se de que você e sua agência concordam com a maneira pela qual estas "correções" serão tratadas.

O que pagar

O que você deveria pagar depende fundamentalmente do que você está pedindo.

São duas as maneiras principais pelas quais as agências de guerrilha são contratadas: com base em contrato de prestação de serviços ou por projeto. Compare:

- ✔ **Contrato de prestação de serviços:** Em contratos de prestação de serviço, cujo pagamento é mensal, você está pagando de fato para ter as ideias e os ouvidos da agência por um período estabelecido de tempo. Custos diretos — como comprar mídia ou executar campanhas — normalmente não são cobertos pelos honorários de prestação de serviços.

- ✔ **Por projeto:** Uma conta baseada em projeto consiste de um pagamento predeterminado para cobrir o projeto inteiro, do começo ao fim. Este é o método mais comum de pagar uma companhia de Marketing de Guerrilha. Este tipo de conta funciona bem para organizações menores em particular.

Dependendo do escopo do projeto e das práticas da agência, não é incomum pagar 25% ou mesmo 50% do total na assinatura do contrato. O saldo vence quando o projeto estiver completo ou 30 dias após.

O que esperar em retorno

Alguns clientes que trabalham com uma agência pela primeira vez podem ficar incertos do que eles receberão. Certifique-se de que sua agência de Marketing de Guerrilha lhe proporciona os seguintes componentes principais:

- ✔ **Quaisquer serviços que vocês acordaram no princípio:** É por essa razão que ter tudo escrito é crucial.

✔ **Uma alternativa de pessoa de contato:** Você precisa disso, caso tenha que falar com alguém sobre sua campanha ou iniciativa e o seu contato principal estiver fora do escritório.

✔ **Orientação e discernimento se solicitado e/ou necessário:** Perícia técnica interna e conselhos sobre como projetar e conduzir melhor sua campanha.

✔ **Relatório de recapitulação com documentações por escrito e com fotografias:** Ele lhe dá a oportunidade de revisar os destaques de sua campanha e as maneiras pelas quais ela pode ser aperfeiçoada no futuro.

Dizendo Adeus

As empresas se separam das agências de Marketing de Guerrilha por uma variedade de motivos:

✔ **Custo:** As agências sabem como é o mundo e, contanto que você seja direto sobre a situação, aguardarão com interesse a oportunidade de trabalhar com você de novo quando tiver dinheiro.

✔ **Insatisfação:** Embora a maioria das agências de guerrilha trabalhe cuidadosamente para deixar os seus clientes felizes, às vezes as coisas simplesmente não funcionam. Se isso ocorrer, lembre-se: há outras agências lá fora, e uma delas pode ser mais apropriada para você e sua marca.

✔ **Conclusão do projeto:** É a razão mais comum para se dizer adeus, ao menos no momento. Porém, pela nossa experiência em agências, temos a esperança de que, após revisar o seu trabalho, você descubra que a experiência foi positiva e tenha um novo parceiro promocional!

Parte II
Marketing nas Ruas

"É uma campanha de Relações Públicas, certo? Quer fantasia melhor para se usar nas ruas para um restaurante chamado Piantes?"

Nesta parte...

À s vezes, sozinho nas noites de sexta-feira, um de nós (não diremos quem) gosta de parar para um joguinho que ele gosta de chamar de "Eu pararia para ver o quê?". O jogo é relativamente simples: em cidades entupidas de espetáculos, entretenimento e anúncios visualmente estimulantes, você simplesmente tem que vir com algo tão dinâmico, tão legal, que faria alguém realmente parar para ver.

Essencialmente, esta parte explora o jogo "Eu pararia para ver o quê?" no que diz respeito a equipes de rua, eventos de marketing e acrobacias publicitárias. Nós detalhamos o essencial para se projetar e conduzir perfeitamente cada uma destas ações.

Capítulo 6

Indo às Ruas com Equipes de Rua

• •

Neste Capítulo

▶ Fazendo um orçamento

▶ Cercando-se das pessoas certas

▶ Passando sua mensagem

▶ Escolhendo a hora e o lugar

▶ Mantendo-se longe de problemas

• •

As equipes de rua possibilitam comunicação de pessoa para pessoa, a forma mais pura de marketing direto. Isso, literalmente, põe o seu produto direto nas mãos do consumidor, permitindo que o vejam, toquem, testem e até mesmo provem!

Quando as equipes de rua são usadas corretamente, você pode ter dificuldade em encontrar uma maneira melhor de falar com o seu público-alvo, transmitir uma mensagem de marketing de uma maneira inesperada ou em um lugar inusitado, diminuir ou até mesmo eliminar o desperdício e evitar ser visto como importuno.

Neste capítulo, cobrimos o básico para criar uma equipe de rua impressionante. Começamos ao dar-lhe algumas sugestões sobre como selecionar bons rostos para entregar sua mensagem. A partir daí, discutimos peças de distribuição eficazes para dar asas à sua mensagem. E, finalmente, falaremos de momentos e locações para certificar-se de que está apresentando uma campanha que cole!

Produzindo um Orçamento

Programas de rua podem ser escalonados para se adequar em qualquer orçamento. Você precisa de um orçamento para o seguinte:

- **Pagamento de pessoal:** Pode-se usar uma agência de empregos, mas se você contratar pessoal diretamente, o custo será bem menor. Consulte o tópico "Contratando o pessoal certo", mais adiante neste capítulo.

  Coisas acontecem, portanto, fique preparado. Se tiver algum dinheiro extra, você pode querer considerar a contratação de um suplente para sua equipe de rua.

- **Traje:** Compõe-se de uma camiseta impressa básica, um chapéu ou boné sem marca e, eventualmente, algum adereço. Para mais informações, consulte a seção "Encontrando as roupas certas", mais adiante neste capítulo

- **Materiais:** Dependendo do que você resolver distribuir, estes custos podem ser muito baixos ou muito altos. Consulte a seção "Criando a Peça de Distribuição Certa", mais adiante neste capítulo.

- **Gastos com transporte:** Podem ser tão baixos quanto o custo do bilhete de metrô ou tão elevados quanto o custo de uma passagem de avião, dependendo de sua campanha. Além disso, leve o transporte dos seus prêmios em consideração.

- **Fundo de contingência:** Dependendo da complexidade de sua campanha, você deve deixar um pouco de dinheiro extra para custos inesperados, como remessa de materiais, estacionamento ou café para o seu pessoal.

Montando uma Equipe Vencedora

De quantas pessoas você precisa? O que você precisa dizer a elas ao encontrá-las? E, talvez o mais intimidante, quanto tudo isto vai lhe custar?

Neste tópico, respondemos todas estas questões. Aqui, você descobre como selecionar, treinar e vestir o seu pessoal.

Contratando o pessoal certo

Ao selecionar o seu pessoal, você vai querer escolher membros para a equipe de rua que se assemelhem ao seu público-alvo. Não importa que produto ou serviço comercialize, você vai querer se certificar que o pessoal contratado para retransmitir sua mensagem aos consumidores tem credibilidade e é respeitado pelo público que está tentando atingir.

Quando entrevistar candidatos, gaste bastante tempo falando com eles e formando uma noção dos seus comportamentos. Se a pessoa for amigável e se comunicar de uma maneira agradável e articulada, eis uma para se manter! Tomar um bom tempo para contratar as pessoas certas pode ser o alicerce de uma campanha bem-sucedida. Lembre-se: eles são os seus porta-vozes quando você não está lá.

Você deve estar apto a dizer o seguinte sobre cada pessoa que contratar:

✔ Esta pessoa me parece ser amigável, atraente e extrovertida.

✔ Esta pessoa consegue repetir a minha mensagem de modo confiante e articulado.

✔ O comportamento e a apresentação desta pessoa estão alinhados com a imagem da minha marca e companhia.

✔ Consigo imaginar o meu público-alvo gastando alguns minutos de papo com esta pessoa na rua.

✔ Esta pessoa compreende os elementos da minha campanha e sente-se confortável com o que foi solicitado.

Como você não pode estar em todo lugar ao mesmo tempo, considere a contratação de um gerente de projeto para supervisionar a execução de sua campanha. Este profissional garantirá que todo mundo esteja na mesma página, tirará fotos para documentar seus esforços e agirá como seus olhos e ouvidos. Mesmo contando com ele, confira as coisas, sempre que possível: não se trata de gerenciar tudo nos mínimos detalhes, e sim de ser responsável e se envolver.

Determinando o tamanho de sua equipe

Não superdimensione sua equipe: lembre-se dos custos. Dê uma olhada nos locais que você acha mais importante cobrir primeiro (consulte a seção "Identificando a Melhor Hora e Lugar para Sua Campanha", mais adiante neste capítulo).

 Após selecionar algumas locações provisórias, forme uma dupla para cada locação escolhida. Descobrimos que equipes de dois funcionam bem por diversas razões:

✔ Pessoas ficam mais energéticas e extrovertidas quando outra pessoa junto a elas compartilha do entusiasmo pelo produto ou marca que estão promovendo.

✔ Uma dupla dá credibilidade instantânea a uma campanha, especialmente se comparado à alma solitária parada na esquina do outro lado da rua.

✔ Ter uma segunda pessoa garante que você sempre terá alguém por lá fazendo a distribuição e dá, a cada uma, a chance de uma parada ou uma saidinha por um minuto.

Encontrando as roupas certas

As roupas (ou a falta delas) podem ser o elemento que constrói a campanha. Vestir sua equipe com apetrechos que ostentem sua marca pode proporcionar credibilidade e associação instantânea com o que elas estão promovendo.

Chapéus e camisetas com a marca são relativamente baratos e podem fazer sucesso na hora de dar um acabamento elegante em sua campanha de guerrilha. Eles também lhe dão uma chance de causar uma boa impressão em consumidores que podem não estar interessados em pegar uma peça de distribuição, mas ainda assim percebem o nome de sua companhia ou endereço da web, quando passam por ali.

 Você pode, também, optar por fantasiar seu pessoal. Entretanto, não assuste o público. Mantenha suas fantasias o mais próximo possível de sua marca e de acordo com os gostos locais. Se estiver usando fantasias que cobrem os

rostos do seu pessoal, ponha outro membro da equipe lá com sua marca para tranquilizar os consumidores quanto à legitimidade da campanha, enquanto, ao mesmo tempo, mantém seguro o cara dentro da fantasia.

Instruindo bem o seu pessoal

 A maneira mais eficiente de garantir que suas metas sejam transmitidas de modo eficaz para o seu pessoal é organizar uma sessão de treinamento. Aqui estão os passos principais que você vai querer incluir em sua apresentação:

1. **Comece apresentando todos os membros da equipe.**

2. **Distribua os apetrechos com a marca e os materiais de amostra.**

3. **Transmita as metas do programa.**

4. **Se for possível, dê aos membros da equipe a oportunidade de provar o produto ou serviço que eles estão promovendo.**

5. **Passe aos membros da equipe as frases de convencimento e as perguntas frequentes sobre o seu produto ou serviço, para que saibam o que dizer e como você quer que digam.**

6. **Delegue obrigações individuais.**

7. **Explique, detalhadamente, as datas e horários da campanha.**

8. **Chame a atenção sobre o que o pessoal deve fazer se houver problemas ou percalços na campanha.**

9. **Dê espaço para perguntas ou esclarecimentos.**

10. **Proporcione e revise um sumário de uma página (uma única folha distribuída à equipe, que inclui toda a informação acima mencionada; veja a Figura 6-1).**

Não se esqueça dos nomes e números de telefone de todos os envolvidos (gerentes, equipe, motoristas de van e quaisquer fornecedores). Certifique-se de que você pode entrar em contato facilmente com seus gerentes, via celular, para manter um fluxo constante de comunicação.

Tomar o tempo necessário para conduzir a sessão de treinamento ajudará tudo a sair exatamente como você visualizou.

Muffins caseiros da Vovó Selma

Sumário de uma página para a distribuição de cartões-postais

Contatos

Gerente	Benny Salvatore – 555-5555
Equipe	Stew Frankenfurter – 555-5555
	Margo Magarigold – 555-5555

Data/Horário do Evento: 8 de junho; 12h-16h

Local de Encontro: Vovó Selma
Rua Saborosa, nº 42

Trajes:

Gerente	Calça social e camisa pólo
Equipe	Camiseta da Vovó Selma e jeans

Obrigações

- Estar apresentável, o tempo todo.
- Comportamento apropriado frente a consumidores e convidados, o tempo todo.
- Distribuir cartões-postais.
- Comunicar reações, comentários e problemas ao gerente.

Cronograma

11h30	Chegar ao local, vestido e pronto para começar.
11h45	Pegar cartões postais da Vovó Selma.
12h00	Começar a distribuição.
14h00	Intervalo do Membro da Equipe 1 (15 min).
14h15	Intervalo do Membro da Equipe 2 (15 min).
15h45	Pôr materiais em ordem e preparar para fechar.
15h00	Conclusão do evento – FIM DO DIA.

Frases de Convencimento:

- Ganhe um muffin DE GRAÇA hoje, somente com o cupom!
- Prove os novos sabores tropicais da Vovó Selma!

Figura 6-1: Sumário de uma página para a distribuição de cartões-postais

Criando Sua Mensagem

O segredo para criar uma ótima transmissão de mensagem com equipes de rua é manter as coisas simples. Dar ao seu pessoal todas as informações sobre o seu produto ou marca é ótimo, mas isso não significa que eles devem compartilhar cada detalhe com todos os consumidores. Ao contrário, mantenha suas frases de convencimento claras, concisas e intrigantes.

 Você tem menos de 15 segundos, faça-os valer a pena! Nada acaba com uma campanha de rua mais rapidamente do que frases de convencimento detalhadas ou diluídas.

 Além de uma frase simples e direta como "Boa tarde! Gostaria de provar nosso produto?", uma alternativa são as frases engraçadas, que podem retirar um passageiro matutino da rotina. Porém, seja cauteloso: só porque você acha que são engraçadas, não significa que o público também achará. Quando estiver em dúvida, submeta alguns bordões para serem apreciados por um colega ou amigo e, como sempre, mantenha-os curtos e atraentes.

Criando uma Peça de Distribuição

Se conseguir criar uma peça de distribuição relacionada à marca, que seja esperta, divertida e talvez um pouquinho chocante, você pode ter gerado não apenas uma campanha de distribuição bem-sucedida, mas também uma oportunidade de cobertura na imprensa.

Não há regras inflexíveis para se criar peças de distribuição, porque cada campanha deve ser única. Porém, neste tópico mostramos a você algumas coisas a se considerar antes de gastar seu rico dinheirinho em itens que, no final das contas, podem não produzir efeito.

Mantendo sua marca ou negócio em mente

Você trabalha duro para produzir um produto de qualidade. Todos os dias, consciente ou inconscientemente, você toma, com muito cuidado, inúmeras decisões que talharão a percepção do seu produto. Ao escolher sua peça de distribuição, você precisa manter este mesmo senso de integridade da marca.

Certifique-se de que cada componente que selecionar reflita de modo positivo e se conecte, diretamente, com sua marca. Leve isso em consideração para todos os elementos da sua criação, quer seja um prêmio de alto valor ou uma peça impressa. Das imagens selecionadas ao tom do texto, passando pela qualidade do produto finalizado, certifique-se de que o resultado final grite: "Esta é a minha marca!".

Revisando as especificações cruciais da amostra

O que quer que faça, certifique-se de que está relacionado à marca, é pequeno, de bom custo-benefício e tenha um prazo de validade.

Que tipo de amostra você pegaria de uma equipe de rua? Talvez você não pegue material de pessoas na rua normalmente, mas o que foi que o intrigou, empolgou ou acendeu o seu interesse? Há boas chances de que foi uma das coisas a seguir, senão todas:

- ✔ **O tamanho da peça:** No que diz respeito a amostras, o tamanho importa sim. Quanto menor for, mais fácil será pôr no bolso ou em uma bolsa.

  Ela deve ser interessante o suficiente não apenas para se manter por perto, mas também para usar e compartilhar com outras pessoas.

- ✔ **O custo da peça:** Dê uma olhada no seu orçamento e seja criativo! Há uma riqueza de oportunidades de amostragem que não quebrarão sua banca. De baixo custo ou de preço mais elevado, quase sempre há um prêmio compatível com seu produto ou marca.

- ✔ **O prazo de utilidade da peça:** Por que distribuir algo que não dá à pessoa nenhum motivo para mantê-lo? Com gente em cada esquina distribuindo alguma coisa nos dias de hoje, é crucial fazer com que sua peça de distribuição seja algo que eles possam realmente querer e compartilhar com um amigo ou colega.

Na Tabela 6-1, colocamos estas três categorias para funcionar em relação a peças de distribuição comuns. Use este tipo de lista de checagem ao avaliar suas próprias ideias. Atingir pelo menos dois destes três qualificadores o deixará no caminho certo.

Tabela 6-1 Selecionando uma Peça de Distribuição Eficaz

Item	Pequeno?	Bom custo-benefício?	Prazo de validade longo?	Uma boa Peça de Distribuição?
Cartões-postais	X	X		**Sim**! Estes prêmios baratos são simples de pôr no bolso ou bolsa e o papel mais grosso os mantém inteiros por mais tempo do que um pedaço de papel normal. Uma competição do tipo "entre para ganhar" ou informações úteis ajudarão a dar ao seu cartão-postal uma vida útil maior.
Grandes bichos de pelúcia			X	**Não**. Embora as pessoas amem ganhar o velho, grande e bom bicho de pelúcia nas feiras e quermesses, não é algo prático para o dia-a-dia. Melhor guardar este montante de dinheiro para incentivos aos consumidores que tenham comprado o seu produto ou gastado tempo visitando a sua loja.

(continua)

Tabela 6-1   Selecionando uma Peça de Distribuição Eficaz

Item	Pequeno?	Bom custo-benefício?	Prazo de validade longo?	Uma boa Peça de Distribuição?
Mapas dobráveis	X	X	X	**Sim!** Rápidos e simples de pegar, estes prêmios são úteis tanto para turistas quanto para nativos!
Chocolates	X			**Não.** A maioria das pessoas ama chocolate, mas as suas propriedades o tornam uma peça de distribuição temperamental. Tamanho também é uma preocupação, se for pequeno demais, ele some e se for grande demais, vira uma meleca de chocolate derretido.
Buttons	X	X	X	**Sim!** Passe a sua mensagem de forma rápida e barata com um prêmio que pode viver dentro ou fora das mochilas, jaquetas ou quadros de avisos de seu público-alvo.

Item	Pequeno?	Bom custo-benefício?	Prazo de validade longo?	Uma boa Peça de Distribuição?
Pôsteres				**Não**. A não ser que as pessoas estejam procurando alguma coisa para fazer companhia aos pôsteres do Whitesnake delas, a maioria das pessoas não fica empolgada em receber um grande pedaço de papel. O tamanho largo deixa-o grande demais para se carregar e, como resultado, as suas energias criativas (e dólares de distribuição) acabam no lixo.
Raspadinhas	X	X	X	**Sim!** Quantas vezes você já comprou um bilhete de loteria instantânea só por causa da parte da raspadinha? Pequenas e de bom custo-benefício, quando emparelhadas com incentivos de prêmio, estas pequenas

(continua)

Tabela 6-1 Selecionando uma Peça de Distribuição Eficaz

Item	Pequeno?	Bom custo-benefício?	Prazo de validade longo?	Uma boa Peça de Distribuição?
				peças funcionam às mil maravilhas quando o assunto é gerar tráfego a um site ou vitrine para a troca do prêmio.

Se ainda estiver desnorteado quanto ao que quer distribuir, procure por fornecedores de itens promocionais. Comece falando com colegas e contatos do seu segmento comercial para conseguir orientações. Uma rápida busca online o ajudará a localizar aqueles que se especializam no produto que você está procurando ou em fornecedores de brindes em geral.

Por fim, um conselho amigo: evite ficar sem materiais, planeje com antecedência!

Identificando a Melhor Hora e Lugar para Sua Campanha

O contexto em que você apresenta sua mensagem às massas pode tornar uma iniciativa bem-sucedida ou uma falha completa. Os seus empenhos de distribuição podem (e devem) variar de acordo com o produto ou marca que esteja promovendo.

Antes de despachar sua equipe para as ruas, faça a si mesmo as seguintes perguntas:

- ✔ Quem é o meu público-alvo?
- ✔ Onde eles vivem, trabalham e se divertem?
- ✔ Qual é a melhor hora para falar com eles?

Ao responder estas questões, você tem toda a informação necessária para encenar sua investida estratégica de pessoal.

 As manhãs são, frequentemente, melhores para um apelo à ação do que a internet de banda larga, já que os consumidores estão se dirigindo ao trabalho, onde eles terão acesso à rede (e tempo livre) para fazer login e visitar o seu site. A hora do rush, no fim do dia, é a melhor hora para produtos ou serviços que exijam conversação e uma decisão dos cônjuges ou parceiros.

Mantendo Sua Equipe Longe de Problemas e Sua Imagem Imaculada

A maioria das campanhas, quando são executadas de maneira consciente, atingem as metas da marca sem nenhum incidente. Ainda assim, conduzir uma campanha eficaz envolve moderar a criatividade com discrição. Eis algumas dicas para manter você e o seu pessoal longe de problemas:

- ✔ **Fique de olho no seu pessoal.** Certifique-se de que o seu pessoal está apresentando o material especificamente como você solicitou. Pessoas que sejam rudes ou ajam de forma inapropriada em torno de consumidores, fumando, praguejando, falando ao celular ou fazendo qualquer coisa inapropriada devem ser retiradas imediatamente.

- ✔ **Seja seguro e sensato.** Certifique-se de que os elementos de sua campanha são seguros para todos os envolvidos. Certifique-se de que as peças que esteja distribuindo estejam de acordo com os padrões de gosto local. Mantenha-se distante de itens que tratem diretamente de sexo, religião ou política, isto ajudará a prevenir ligações furiosas e imprensa negativa.

- ✔ **Esteja ciente dos seus arredores.** Distribuir materiais é permitido na maioria dos locais, pela maioria das cidades, mas evite propriedades privadas, assim como prédios municipais e governamentais e estações de transporte público.

✔ **Saiba quando recuar.** Se proprietários de negócio ou agentes locais da lei e da ordem lhe disserem que você não pode distribuir material em um determinado local, não tente ganhar deles no grito. Não vale a pena.

A melhor maneira de lidar com este tipo de situação é dar uma parada breve e reagrupar sua equipe. Se não o tiver feito antes do lançamento de sua campanha, selecione uma locação alternativa e transfira seu trabalho para lá.

Capítulo 7

As Espetaculares Proezas Publicitárias

. . . .

Neste Capítulo

▶ Sabendo o que torna uma proeza bem-sucedida

▶ Certificando-se de que todas as peças se encaixem

▶ Criando um burburinho sobre sua estratégia, antes que ela aconteça

▶ Focando suas finanças

▶ Certificando-se de que não cometerá alguns erros comuns em sua proezas

. . . .

Neste capítulo, oferecemos as ferramentas de que precisa para criar um artifício publicitário que faça o público pedir bis. Começamos detalhando as partes que serão usadas na criação de uma bela estratégia. A parti daí, mostramos como projetar e montar a sua própria estratégia de relações públicas, causando uma impressão colossal com um custo irrisório. Depois, ajudaremos a atrair a imprensa para lhe ajudar a divulgar sua mensagem. Por fim, analisamos algumas gafes para lhe mostrar algumas estratégias publicitárias que deram errado e mostrando como evitá-las.

Definindo os Elementos de uma Proeza Sensacional

Os artifícios publicitários são espetáculos altamente visíveis, relacionados a uma marca, criados para promover um produto ou serviço, por meio da cobertura concentrada da imprensa e do aumento da atenção do consumidor.

Alguns elementos básicos são os alicerces de uma proeza bem-sucedida:

- ✔ **Mensagem:** Certifique-se de que os seus esforços transmitam a mensagem que você quer passar de forma eficaz. Há muita coisa envolvida na criação de uma proeza para não se obter uma mensagem final clara e concisa.

- ✔ **Locação, locação, locação:** Selecionar uma locação de primeira para realizar pode fazer a diferença entre ter ou não plateia. Certifique-se de garantir um local que esteja de acordo com sua marca e seja de fácil acesso para a imprensa e os consumidores.

- ✔ **Momento:** Bom senso pode ser útil, mas outras considerações sobre o momento adequado (como aquelas relacionadas à sua escolha de local e público-alvo) podem não ser tão óbvias. A locação que você escolheu tem horários de pico no tráfego de pedestres que possam ser usados em seu benefício? O seu público-alvo só sai em certo horário do dia? Você precisa levar todos estes fatores em consideração.

- ✔ **Arte de encenar:** Este elemento envolve agir como um diretor e montar a cena. Para isso crie uma proeza que seja tanto visualmente emocionante quanto capaz de ser, instantaneamente, associada à sua marca. E, em consequência, capaz de atrair a cobertura da imprensa.

- ✔ **Pessoas:** Às vezes, o "quem" é tão intrigante quanto o "quê". Quem está participando? Quem é o mestre de cerimônias? Quem está julgando? Escolher as pessoas certas pode ser justamente o gancho que a imprensa precisa para cobrir o que seria, de outra maneira, um evento ignorado.

- ✔ **Brindes:** Criar algum tipo de recompensa, seja para ganho pessoal ou altruístico, ajuda a dar um belo acabamento em seu espetáculo (consulte "Deixando uma impressão duradoura", mais adiante, neste capítulo).

- ✔ **Imprensa:** Chamar a atenção da imprensa é a razão principal por trás da produção de uma proeza publicitária. Uma criação realmente bem-sucedida chama a imprensa e cultiva sua participação.

Criando uma Proeza Coesiva

Produzir uma proeza pode ser um tanto intimidante, porque são inúmeras as peças a se encaixar. Porém, se você parar e analisar cada uma destas peças, o quebra-cabeça começa a se encaixar.

Escolhendo e planejando sua proeza

Ao gastar o tempo necessário para analisar sua marca e o tipo de impressão que quer causar, você se pega rindo só de imaginar a repercussão que sua ideia terá no público.

Casando a proeza com sua marca

Projetar uma proeza começa na mesa de desenvolvimento de ideias. Reúna alguns colegas de trabalho e aqueles amigos malucos que mantém justamente para ocasiões como esta e seja criativo. Comece com um quadro branco ou um grande bloco de papel e faça a si mesmo algumas perguntas:

✔ **Quais são os símbolos ou associações imediatas que os consumidores podem fazer com sua marca?** Deixe a imaginação voar e escreva cada associação que vier à sua cabeça. O principal neste ponto é não julgar nada. Mesmo que seja bizarro, ridículo e desordenado, continue sempre pensando na marca.

✔ **Entre estas associações, quais eu posso levar ao extremo ou pôr em grande escala?** Pegue um punhado de associações que você goste mais e leve-as a extremos. Por exemplo, se o seu negócio for papel para cópia, que tal produzir um "campo aéreo" personalizado? E convidar o público e a imprensa para participarem de uma competição de aviões de papel e ver quem consegue fazer um aviãozinho que voe mais longe.

Não julgue ainda qualquer uma de suas ideias excêntricas e desvairadas. Anote todas elas. Alguns conceitos podem parecer bizarros demais para se executar inteiramente, mas o que você está fazendo é criar um bufê virtual onde poderá depois pegar as melhores peças para montar um banquete delicioso.

✔ **Entre estes conceitos em larga escala, qual é o mais atraente em termos visuais e o mais claramente indicativo da minha marca?** À medida que examina os seus conceitos, um ou dois saltarão aos olhos na hora. Se visualizar um conceito tornando-se sinônimo de sua marca, esta é a ideia que você vai querer adotar.

Se você é do tipo indeciso ou obsessivo compulsivo (como nós), provavelmente passou horas incontáveis desenvolvendo ideias e, francamente, está um pouco impressionado consigo mesmo. Nesta hora, banque o advogado do diabo com cada ideia de proeza, certificando-se de que ela realmente tenha relação com o seu negócio.

Desenvolver e refinar suas ideias lhe permite pensar grande em relação ao escopo de sua proeza, enquanto mantém sua marca e a mensagem que está procurando passar tão focadas e precisas quanto possível.

Criando e cumprindo as regras

Na maioria das proezas, especialmente as competições e os recordes mundiais, tudo tem a ver com as regras. Criar regras definidas ajudará a evitar queixas do tipo "Isso não é justo" ou, pior ainda, "Nos vemos no tribunal!".

As palavras "Bem, eu não sabia disso" nunca devem ser proferidas no desenrolar de sua proeza. Crie regras para cada conjuntura possível. Eis algumas perguntas para deixá-lo no caminho certo para proteger o seu traseiro:

✔ Quem pode participar?

✔ Qual é o objetivo da proeza? Como você saberá quando ela estiver completa?

✔ O que pode excluir a participação de uma pessoa?

✔ Há um tempo limite?

✔ E se alguma coisa der errado? O que acontece?

> ✔ Se houver um prêmio, quando ele será entregue? E se houver um empate?
>
> ✔ Quem tem a palavra final?

Ao responder estas questões, você terá uma noção mais clara das características específicas de sua empreitada. Seja o mais específico que puder.

As regras estão feitas e agora é hora de ganhar um pouco de respaldo legal. Após dar a todos os participantes a chance de ler suas regras, você precisa que eles assinem um documento dizendo que seguirão as regras da competição; que concordam em não transferir a responsabilidade para você, seus fornecedores ou qualquer outra pessoa se algo der errado; e que reconhecem que a decisão dos juízes de sua competição é definitiva.

Especialmente quando houver premiação em dinheiro ou quando os participantes estiverem se engajando em atividades potencialmente perigosas, a assinatura deles em todos os documentos deve ser um requisito de participação, sem exceções.

 Se a ideia de esboçar regras e redigir documentos de renúncia o deixa nervoso, chame um advogado para aliviar este estresse. Ou, então, contrate uma das companhias que lidam exclusivamente com criação e cumprimento de regras de competições, mas é melhor estar preparado para pagar um bom dinheiro pelos seus serviços.

Escolhendo o local para apresentar sua obra-prima

Ao escolher o seu local, duas considerações precisam estar no topo de sua lista: a imprensa e o público. O foco primário está em certificar-se de que você selecione uma locação que seja simples de cobrir para a imprensa e atraente para os consumidores.

 Sempre que for possível, esforce-se para fazer com que sua proeza não seja apenas um visual empolgante, e, sim, algo que os observadores possam experimentar também.

O poder da imprensa: levando a mídia em consideração

Por que não deixar as coisas mais fáceis para a imprensa? Ao considerar o seu local, tome nota das formas de mídia que quer alcançar. Se houver um lugar central onde a maior parte da imprensa trabalhe, dirija-se para lá e faça um reconhecimento do local. Ande ao redor da área. Há algum estacionamento, parque ou vitrine abandonada que funcione para os seus propósitos? Tire fotos e faça uma lista de locações em potencial ao redor da área, certificando-se de anotar números de telefone para ligar depois. As anotações e fotos comporão um banco de consulta e irão facilitar sua decisão.

Poder para o povo: levando o seu público em consideração

Fazer com que sua proeza chegue ao noticiário e se espalhe pela internet é algo maravilhoso, mas nunca subestime o poder da propaganda boca a boca.

O boca a boca realmente funciona. Pense em maneiras de maximizar este tipo de exposição. Isso pode ser feito por meio de infiltração online (consulte o Capítulo 12) ou por esforços de distribuição no local (consulte o Capítulo 6). Independentemente do caminho que escolher, certifique-se de que está tirando proveito de todas as oportunidades para fazer o seu público comentar. Ter a imprensa em seu evento é crucial, mas você não vai querer negligenciar o público. O boca a boca pode facilitar o sucesso, especialmente quando os consumidores transmitem sua mensagem em comum acordo com os esforços de mídia.

Assim como no reconhecimento de locações voltado à imprensa (consulte o tópico anterior), dê uma volta na cidade novamente, mas desta vez procure por locações de alto tráfego. Na maioria das cidades, uma ou duas localidades centrais estão constantemente movimentadas. Enquanto estiver reconhecendo a área, liste quaisquer locações que serviriam como uma boa plataforma para produzir sua proeza. Tire algumas fotos e faça anotações para referência posterior.

Além disso, esteja atento para problemas em potencial em torno do local. Quaisquer elementos ambientais que possam causar problemas devem ser levados em conta em sua decisão.

Lidando com autorizações e permissões

 Ao contrário de outras atividades delineadas neste livro, nas quais a permissão é opcional, quando se está produzindo uma proeza de relações públicas, você precisa seguir as regras. Há coisas demais envolvidas para correr o risco de ter que cancelar o evento porque você não tem as permissões necessárias.

Permissão para usar o seu local

Dependendo do local que selecionou, você pode apenas precisar falar com a pessoa encarregada pelo próprio local. Porém, se estiver conduzindo um evento externo, mais algumas pessoas podem estar envolvidas. Por exemplo, o uso de propriedade municipal normalmente é aprovado pela câmara municipal ou pela prefeitura e reservas florestais e áreas de preservação são monitoradas por agências locais, estaduais ou federais. Descubra quem tem jurisdição sobre o seu local antes de começar a dar telefonemas.

Certifique-se de que todo mundo para quem você está pedindo permissão tenha o seu cronograma de montagem, um plano completo das atividades do dia e o horário em que você sairá. Garantir que todos estejam em sintonia o ajudará a evitar surpresas.

Autorizações adicionais

Se você já conseguiu permissão para executar a proeza no local, a busca por permissões pode não terminar inteiramente aí. Dependendo da cidade e de quantos extras estiver incluindo, você pode querer checar se precisa de uma ou mais entre as seguintes autorizações (tenha em mente que os custos variam de cidade para cidade):

- ✔ Autorização de som.

- ✔ Autorização para estacionar.

- ✔ Autorização para ações de rua.

- ✔ Autorização para uso de água e eletricidade.

Sendo legal

De acordo com o velho ditado, "quem não chora não mama". Já nós dizemos "dê de mamar antes que comece a chorar". Ser legal com os vizinhos é crucial para o sucesso de uma proeza. Traga-os ao evento e faça com que se sintam especiais.

Se você tiver um setor VIP separado por cordões de isolamento, dê a eles os melhores lugares. Se estiver oferecendo um bufê leve, certifique-se de oferecer-lhes café e biscoitos.

Se tiver uma celebridade a bordo, consiga um autógrafo para eles. Bom, você entendeu.

Este tipo de projeção local é muito importante para manter boas relações. Quando o evento for um sucesso inacreditável, você pode querer repeti-lo no ano seguinte. Se tiver irritado os vizinhos, uma campanha básica de envio de cartas exigindo que você nunca retorne pode derrubar, rapidamente, seus planos.

Encontrando o local que caiba em sua conta

Embora o local seja essencial para atrair a imprensa, você não deve gastar tanto dinheiro garantindo o local a ponto de não conseguir mais bancar qualquer outra coisa.

Enquanto faz sua pesquisa, você descobrirá que a variação de custo é enorme, dependendo de onde estiver pensando em ir. Se puder encenar sua proeza em um parque público, os custos podem ser apenas os das autorizações. Por outro lado, se quiser a visibilidade inigualável de um centro de exposições, você pode precisar de muito dinheiro.

Se o dinheiro for curto, considere os recursos ao seu redor. Às vezes, o local certo é aquele que não custa nada.

Caso não consiga bancar um lugar para encenar sua proeza ou não tenha gostado dos lugares que encontrou, a solução pode estar nos templos religiosos. Desde que não desaprovem o conteúdo de sua proeza, podem estar ocasionalmente abertos para aceitar um donativo em troca do uso de seu estacionamento em um dia livre.

E o local escolhido é...

Ao concluir suas excursões secretas de reconhecimento, você deve ter duas listas de locais: uma que é ótima para a imprensa e outra que é ótima para os transeuntes.

Se não tiver nenhum local que esteja em ambas as listas, procure nas listas por locações que melhor sirvam aos dois propósitos, dando um pouquinho mais de valor à acessibilidade da imprensa. Após ter reduzido suas opções, pegue as três primeiras e comece a fazer ligações para os responsáveis. Veja se alguns deles acrescenta uma cereja ao bolo (consulte a seção "Obtendo um pouco mais do seu local", mais adiante neste capítulo). Este será o momento em que deve equilibrar os seus desejos, a disponibilidade de local e o seu orçamento, para depois fazer sua escolha.

Enquanto estiver sob o meu teto...

Muitas pessoas que gerenciam estabelecimentos supervisionam suas locações com um senso inerente de orgulho e confiança. Eles estão lhe oferecendo a oportunidade de entrar em seus "lares" e organizar loucas travessuras. Você precisa respeitar isso e manter-se de acordo com as regras estabelecidas pelo local. Você pagou para estar lá, sem dúvida. Mas para que aquele ponto seja bem-sucedido, eles precisam ser capazes de organizar muitos outros eventos ali por muito tempo depois de você levantar acampamento.

Tenha em mente que pode haver alguns gastos extras associados com sua estada. Adiantamentos e taxas de seguro pelo tempo ocupado não são incomuns e, portanto, esteja preparado se isso aparecer em conversas e contratos.

Lembre-se: seguir as regras do local pode ajudar a cortar custos ou permitir que você consiga o estabelecimento gratuitamente em eventos futuros.

Escolhendo a hora de atingir o seu alvo

Produzir uma proeza publicitária é algo, primariamente, voltado a conseguir que a imprensa cubra o seu evento e espalhe a mensagem para você.

Dois horários são particularmente bem-sucedidos quando se busca atrair a imprensa:

- ✔ No início da manhã, para cobertura em programas matutinos e da mídia impressa.

- ✔ No começo da noite, a fim de conseguir que o canal entre ao vivo durante o telejornal.

Normalmente, optamos pelo início da manhã, pois você tem duas chances de exposição: mesmo que uma rede ou outra forma de mídia não seja capaz de fazer uma sequência ao vivo, provavelmente poderão enviar alguém para fazer alguma filmagem, tirar algumas fotos ou entrevistar participantes. Estes olhares e sons capturados podem então ser exibidos mais tarde naquele dia.

Quando você estiver pensando em atingir os consumidores em geral, pense no fim de semana. No início da tarde, a maioria do seu público estará dando uma volta por aí.

Sinos e apitos: Elementos de produção e mais

Os elementos de produção são todas as coisas extras que adicionam um acabamento profissional à sua proeza. Aqui, delineamos alguns dos componentes que podem ajudar a fortificar sua presença. Alguns deles são indispensáveis, e alguns são apenas pequenos toques de classe que ajudam a chamar atenção para seu evento. Na maioria dos casos, a proeza escolhida a ajudará ditar os ornamentos de que precisa e de quais não precisa.

Preparando o palco

Você escolhe elementos de produção para montar o seu espetáculo a partir da lista a seguir.

A Figura 7-1 ilustra muitos destes elementos de palco. Lembre-se: não é necessário usar todos, você pode escolher de quais precisa.

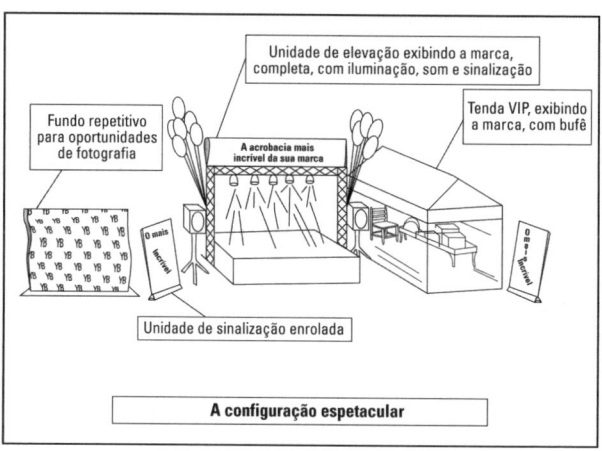

Figura 7-1: Encenar envolve diversos elementos, mas você pode escolher aqueles de que precisa e esquecer aqueles de que não precisa

Independentemente de quais elementos escolher, você está gastando dinheiro para produzir uma proeza e precisa documentar todos os elementos dela. No caso de orçamento apertado, use a câmera ou filmadora de sua família.

Se seu orçamento é um pouco melhor, considere a contratação de um fotógrafo e/ou cinegrafista profissional, assim, conseguirá uma filmagem e fotos de melhor qualidade, além de que estes profissionais frequentemente têm contatos na mídia para lançar os materiais diretamente para a imprensa.

Um ponto importante é que, se estiver fazendo filmagens em vídeo, exiba diversos cartazes com termos de responsabilidade, afirmando claramente que, ao estarem presentes, as pessoas entendem que sua imagem pode ser capturada e usada para propósitos comerciais.

Um palco para o evento principal

Você pode alugar palcos junto à maioria das companhias de produção audiovisual. Ou, se for particularmente hábil, construir um palco personalizado usando estacas de madeira, compensados e rodapés. Além disso, não se esqueça das escadas.

Luz e som

Considere alguns elementos que ajudarão o seu evento a estourar, coisas como um microfone para o seu mestre de cerimônias, alto-falantes para tocar música durante o tempo de espera e luzes para projetar alguma cor no seu palco e chamar a atenção do público (confira a Figura 7-1).

Tendas

Se o seu evento for externo, planeje-se para o pior clima possível e torça pelo melhor. Capas de chuva para a equipe podem ajudar muito. Para evitar ter que cancelar o evento, tenha uma tenda ou lona à mão (confira a Figura 7-1). Além disso, tenha uma tenda "de guerra" onde você e sua equipe possam se reunir.

Sinalização

A sinalização (confira a Figura 7-1) é um ingrediente crucial de qualquer evento. Você pode realizar a proeza mais espetacular de todos os tempos, mas se não houver nenhuma marca vinculada, ela é apenas uma proeza. Algumas opções incluem:

- **Fundo repetitivo:** Trata-se de um pano de fundo, normalmente medindo cerca de 2,5 metros de altura por 3 metros de comprimento, que simplesmente exibe o seu logo sem parar. Esta configuração garante que quando os fotógrafos retratarem seu evento, não haverá como deixar escapar sua marca.

- **Banners:** Feitos normalmente de vinil ou malha, contêm mensagens do evento. Eles normalmente são pendurados horizontalmente por todo o evento.

- **Galhardetes:** São unidades independentes, normalmente medindo 2 metros de comprimento por 3 metros de altura, contendo sinalização no fundo. Um mastro extensível é postado na base e a sinalização é desenrolada e presa no alto do mastro.

> ✔ **Bexigas e balões:** Bexigas de gás hélio e mini balões bem
> vistosos e relativamente baratos. Funcionam na hora de pôr
> sua marca diretamente na altura dos olhos das pessoas.

Barreiras para controle do público

Se a proeza puder oferecer algum tipo de perigo ou incômodo
aos transeuntes, isole a área com barreiras e certifique-se de
incluir avisos e outros sinais preventivos em torno do local.

Determinando os participantes

Quem vai estar lá é uma consideração plausível, porque as
características dos participantes ajudam a dar o tom e o propósito
geral do evento.

Em uma era obcecada pelo *voyeurismo*, os competidores e suas ideias
inerentes podem ter tanto impacto e serem tão informativos ao público
quanto a própria atividade. Neste tópico, contamos a você como
determinar quem deve participar e onde você pode encontrá-los.

Casando os participantes com o seu público-alvo

Você criou o evento e a única coisa que está faltando é a identidade
própria, que dará um toque humano ao seu espetáculo.

Para dar ao seu evento aquele toque pessoal, você precisa ter uma
noção precisa de quem você está tentando atingir ao executar sua
proeza. Assim, selecione participantes que têm mais a ver com o
público-alvo ou reflitam o que ele mais gostaria de ser.

Eu sei quem eu quero, agora, onde diabos eles estão?

Você considerou seu público-alvo e decidiu quem você quer que
participe. Só há um problema: você não conhece ninguém que se
encaixe no perfil. O que fazer?

Eis algumas maneiras de trazer os seus participantes até você:

> ✔ **Mande um e-mail em massa:** Você pode ter contatos
> importantes com pessoas que são fáceis de ignorar à primeira

vista. Tente mandar um e-mail em massa para todos os seus amigos, sua família e seus sócios, resumindo o perfil de quem você está procurando. Você pode se surpreender com a resposta.

Inclua a quantidade de informação sobre participação que for confortável para você divulgar antes do evento. Não esqueça de incluir os benefícios da participação.

✔ **Leve a coisa para a internet:** Ao postar boletins e criar grupos online, você pode atrair os seus participantes de modo direto e rápido (para saber mais sobre como direcionar os sites, criar postagens e desenvolver comunidades online, consulte o Capítulo 12).

✔ **Desenvolva uma competição para a participação:** Faça do seu evento algo no qual o seu público clame por participar, criando uma competição para selecionar os participantes da sua proeza. Isso pode ser tão simples quanto um ingrediente do tipo "entre para ganhar", onde cada concorrente deve explicar porque é a pessoa ideal para participar. Mais uma vez, ter um prêmio monetário ou de alto valor em potencial é o suficiente para angariar inscrições.

Assegurar um patrocinador de mídia, como um veículo local impresso, de TV ou de rádio, pode ser um ótimo instrumento para estender o alcance da competição. Sabemos o que você está pensando agora: "Mídia de massa? Caro.". Não necessariamente. Primeiro, veja o que você pode permutar para criar uma parceria, talvez possa dar ao veículo de mídia acesso exclusivo aos seus participantes, oferecer uma presença direta no local, dar crédito em todos os materiais impressos e sinalizações e assim por diante. Se não perguntar, não vai saber. Se não puder negociar e conseguir cobertura gratuita de sua competição, considere a compra de um pequeno espaço na mídia.

Explorando o talento

Dependendo de sua proeza, você pode querer adicionar uma celebridade local ou nacional para ajudar a aumentar a visibilidade de suas atividades.

 Considere quem você quer selecionar e como estas pessoas contribuirão para o seu evento. Você quer que elas sejam membros de algum "júri"? Ou mestres de cerimônias? O que elas estarão fazendo durante o transcorrer do evento? Responder a estas perguntas o ajudará a explicar a eles ou a seus representantes, o que você quer exatamente que eles façam. Clareza nos estágios iniciais ajuda a evitar falhas de comunicação que possam causar complicações.

Pensando grande: Artista Nacional

Não importa como você encare a questão, artista não sai barato.

Se decidir que quer seguir este rumo, é hora de fazer algumas chamadas e mandar alguns e-mails de modo seleto. É surpreendente como é fácil fazer contato com artistas e/ou seus agentes. Muitas vezes, basta fazer uma busca na internet.

Com o número do agente de sua primeira escolha em mãos, lembre-se: como qualquer outra coisa, meio artístico e entretenimento são negócios. Resumir, claramente, para o agente o que você está pensando em fazer, o que a participação do cliente dele vai envolver, e o que está preparado para oferecer, ajudarão a apressar a negociação e a conquista.

Frise-se que, além do cachê, os contratos de artistas nacionalmente reconhecidos podem ter cláusulas que incluem algumas das seguintes regalias que você deve levar em consideração ao ajustar seu orçamento:

- **Viagem:** Se o evento ocorrer fora da região de origem do artista a maioria dos agentes insiste em viagens de ida e volta na primeira classe, além de serviços de limusine para o aeroporto. Se o evento estiver sendo conduzido na cidade de origem do artista, você pode contar com o transporte de sua estrela para lá e para cá, por meio de um serviço de limusine de primeira ou outra forma confortável de transporte.

- **Acomodações em hotel:** Mais uma vez, prepare-se para gastar , porque o artista vai pensar em acomodações de primeira classe.

- **Diária:** Diária é uma remuneração paga para cobrir despesas diversas (como alimentação e entretenimento) quando uma pessoa está fora de sua cidade. Certifique-se de que ambas as partes estão cientes do que você vai pagar e do que não vai.

🗸 **Taxa do agente:** Normalmente, o artista pagará a taxa do agente de sua parte no negócio, mas em alguns casos os agentes lhe pedirão um adicional. Evite isso se puder.

🗸 **Equipe:** Algumas estrelas viajam com equipes de assistentes, estilistas, maquiadores, babás caninos e outros. Certifique-se de que ambas as partes estão cientes de quem vai pagar por tudo isso, e se você for o responsável, certifique-se de que sabe pelo que está pagando e quanto custará.

 Não tem orçamento suficiente para um artista nacional? Você pode conseguir aquele apelo de celebridade ao encarar a realidade: os *reality shows*. Pipocando como ervas daninhas, há neles uma grande safra de talentos que são mais baratos de se contratar para um evento do que um grande nome nacional. E eles ainda trazem consigo um reconhecimento respeitável.

Pensando localmente

Viagem? Diária? Agentes? Não foi isso que você contratou! Tudo bem. É hora de pensar localmente. Toda cidade tem celebridades locais que parecem ter o dom da lábia. Olhe ao seu redor e capitalize as estrelas do seu dia a dia.

Escolhendo o artista

Às vezes, a contratação de um artista é um gasto que você pode não querer incorrer. Você consegue realizar este evento e conseguir uma boa cobertura da imprensa sem a estrela? Se a resposta for sim, descarte a ideia e risque a tarefa de contratar um artista da inevitavelmente longa lista de coisas a fazer.

Entretanto, se optar pela contratação do artista, negocie a autorização para usar o nome, a imagem e, se possível, o endosso dele para as atividades pré-promocionais. Estes recursos precisam ser explorados da melhor maneira que suas ousadas habilidades de autopromoção conseguirem.

 Para aqueles preocupados com o orçamento, personalidades locais de rádio também são bem menos custosas do que um artista nacional e você ainda pode incrementar a participação delas com menções no ar para ajudar a pré-promover o seu evento.

Deixando uma impressão duradoura

Se você quiser fazer do seu evento um marco, considere a inclusão de:

- ✔ **Brindes:** São itens pequenos, frequentemente relacionados à marca, que são distribuídos àqueles que comparecem ao evento. Eles funcionam muito bem como lembranças.

- ✔ **Grandes prêmios:** Você pode considerar ter um vencedor ou algum tipo de prêmio que seja entregue ao final do evento. Criar algum tipo de recompensa, seja para ganho pessoal ou altruísta, ajuda a dar um belo acabamento ao seu espetáculo.

Traga a originalidade, traga a mídia

A imprensa adora cobrir coisas que nunca foram feitas antes, portanto, sempre que for possível, faça algo único ou original ou dê um toque único e original a algo que já foi feito.

Proezas publicitárias podem ser populares em mercados maiores, contudo, ainda não são comuns na maioria dos mercados menores. Apresentar uma proeza "que nunca foi vista na área antes" pode ajudar a persuadir a imprensa a vir para o evento.

Identifique os veículos de mídia que ajudarão a transmitir sua mensagem (consulte o Capítulo 15). Então, tire o máximo proveito dos fundamentos que criou até agora, colocando sua destreza em relações públicas para funcionar (consulte o Capítulo 16) e confie na mídia para cobrir o seu evento e ajudar a propagar sua mensagem.

Se Você Criar Isso, Eles Virão? Pré-promovendo o Seu Evento

Aqui, falamos sobre algumas ferramentas à sua disposição, a maioria delas barata ou gratuita, para ajudar a espalhar a mensagem sobre seu evento e atrair a imprensa e os consumidores.

Ganhando as ruas

Nos dias anteriores ao evento, vá às ruas e espalhe a mensagem por meio de equipes de rua.

Nada atrai tanto uma multidão quanto outra multidão e, portanto, você precisa atrair as massas para o evento e orçar tudo de acordo.

Se tiver dinheiro para tanto, imprima alguns folhetos que possa distribuir aos consumidores na rua e no comércio local (para uma visão geral mais detalhada de como organizar e conduzir equipes de rua, confira o Capítulo 6). Muitas lojas têm quadros de avisos comunitários em seus estabelecimentos. Peça com educação e, se você for gentil o suficiente, o seu folheto pode parar em todos os quadros da cidade.

Tudo bem, eu tenho um ingresso

Você está pronto para espalhar materiais na rua, mas não quer distribuir folhetos apenas. Então, não o faça. Seja criativo, tente apresentar um ingresso em vez disso. A criação de um ingresso gera uma noção de exclusividade. Encoraje os consumidores a trazer o ingresso no local para poder entrar. Sim, tecnicamente você não precisa de ingresso para assistir um evento público, mas você notará que a percepção de que é necessário um ingresso vai gerar um pouco mais de interesse. E, como bônus, o ingresso pode ser usado como marcador de páginas posteriormente, dando a ele uma vida útil maior!

Usando o computador

Capture o seu público onde eles se divertem: online. Envie e-mails em massa para todo mundo que você conhece, dizendo: "Você não vai querer perder este evento!", e encoraje-os a repassar a mensagem aos amigos deles.

Para saber mais sobre espalhar sua mensagem online, fique ligado no Capítulo 12.

Extraindo um pouco mais da locação

Se estiver conduzindo o seu evento em um local do qual não seja proprietário, provavelmente terá que pagar ou permutar algo por isso. Quando estiver negociando o que vai pagar e o que vai receber, peça por alguma publicidade no local, por parte do estabelecimento. Algumas coisas ótimas a se pedir antes do seu evento incluem:

✔ Sinalização dentro e ao redor do local.

✔ Menções na marquise do local (se apropriado).

✔ Acesso à lista de e-mails do local para enviar um e-mail em massa.

✔ A oportunidade de distribuir materiais no local em eventos anteriores ao seu.

Quando Boas Proezas Acabam Mal

Coisas acontecem. Ao executar uma proeza, há boas chances de que você esteja fazendo algo que nunca foi feito antes, então, não há um caminho óbvio a ser seguido para evitar problemas. Pequenos problemas e obstáculos inesperados, com certeza, aparecerão no dia do seu evento. Considere a antecipação de problemas uma responsabilidade pessoal, de forma que possa rapidamente identificá-los e resolvê-los no grande dia.

Antes de se lançar à produção daquilo que vê como a campanha publicitária mais genial já feita, pese com cuidado as ramificações de suas ações. Será que o que você está fazendo pode ser visto como perigoso ou de mau gosto?

Proezas publicitárias podem ser vistas como uma faca de dois gumes. Ao executar estas iniciativas, você quer desafiar a si mesmo a fazer coisas que nunca foram feitas antes porque é isso que as pessoas (e a imprensa) querem ver!

Entretanto, como aquilo nunca foi feito antes, é simplesmente impossível estar preparado para tudo o que pode dar errado. Por exemplo, um grande vendedor de bebidas refrescantes e delícias congeladas decidiu que quebraria o recorde de Picolé Mais Alto do Mundo, um recorde que, àquela altura, era de 7 metros. Antes que o doce pudesse ser levantado, o calor de 37° entrou em ação, derretendo o interior do picolé. Quando estava sendo descarregado do caminhão, ele se quebrou e inundou as ruas com um líquido sabor kiwi e morango. Em vez da foto de primeira página mostrar mais de 8 metros de deleite congelado, ela mostrava os bombeiros jogando água em ruas rosadas e pedestres fugindo do local. Não exatamente a impressão que você quer deixar.

Será que existe má publicidade?

"Eu não me importo com o que os jornais dizem de mim, contanto que eles escrevam meu nome direito".

Estranhamente, esta citação tem sido atribuída a P. T. Barnum, Mae West, George M. Cohan, Will Rodgers e W. C. Fields, todos mestres da proeza publicitária. Mesmo hoje em dia, o debate sobre a existência ou não de má publicidade continua aberto. No que diz respeito ao exemplo da seção "Quando boas proezas acabam mal", neste capítulo, você poderia argumentar que mesmo a má publicidade atribuída a cada uma delas ajudou a espalhar a notícia sobre o produto ou marca que elas pretendiam promover.

Não temos respostas simples para esta questão. Na verdade, nós brigamos um com o outro sempre que o tópico vem à tona.

Pegue o seu plano, desmonte-o, e tenha uma estratégia para cada coisa que possa azedar.

Após ter analisado, minuciosamente, os seus planos e cogitado todas as possíveis situações, prepare um roteiro de contingência para cada uma delas. Se os seus colegas estão lhe ajudando a conduzir o programa, deixe-os a par do plano também. Um plano que somente você conhece não será muito útil se ninguém mais puder ajudar a executá-lo.

Capítulo 8

Eventos e Experiências

● ●

Neste Capítulo

▶ Realizando um evento bem-sucedido

▶ Produzindo recepções e performances

▶ Conduzindo uma seleção de elenco

▶ Levando às ondas de transmissão

● ●

*U*m evento, no que diz respeito ao Marketing de Guerrilha, envolve estender a mão ao seu público consumidor, produzindo uma experiência que seja completa, educacional e divertida. Para os propósitos de organização deste livro, estamos lidando com proezas publicitárias (consulte o Capítulo 7) como espetáculos mais voltados a atrair a cobertura da mídia, e neste capítulo, um evento tem como foco primário atrair consumidores e dar a eles um compromisso pessoal e experimental com sua marca. Mas nós reconhecemos que haverá algum cruzamento entre os dois conceitos.

Este capítulo resume exatamente o que se faz na condução de um evento e como sua marca pode extrair o máximo possível ao fazê-lo. Para começar, enumeramos as peças essenciais que ajudarão a tornar um evento uma experiência única para os seus consumidores. Em seguida, explicamos alguns eventos populares como recepções, performances, seleção de elenco e eventos ao vivo, e investigamos como cada um destes conceitos pode ser ajustado para beneficiar o seu negócio.

Sabendo o que Faz um Bom Evento

Se a ideia de conduzir um evento lhe parece um tanto exótica, não se preocupe: há boas chances de que você tenha mais experiência em planejar um evento do que pode imaginar. Por exemplo, digamos que o seu aniversário está chegando e você decidiu fazer as coisas por conta própria e planejar sua festa de aniversário perfeita.

Para começar, você põe no papel uma lista de pessoas que simplesmente têm que estar lá. Após revisar sua lista, você escolhe um restaurante que seja próximo de onde todos os seus amigos moram e que seja famoso por um determinado prato. Então, vamos ao entretenimento. Reconhecido entre os seus amigos por iniciar o dia com algum hino de rock clássico cantado a plenos pulmões, é imprescindível ver uma banda de cabeludos fazendo tributo aos anos 80, com pista de dança e show pirotécnico. Como toque final, em exibição na mesa de presentes, você dispõe fotos suas tamanho 20x25 com autógrafo, para que seus convidados possam levar para casa e se recordar dessa noite mágica.

Se você fosse um produto ou serviço, teria acabado de preparar um evento básico (ainda que talvez um tanto narcisista) relacionado à marca. Como começou a produzir tal experiência centrada na marca?

- ✔ **Você fez algo específico para o público:** Mirou no seu círculo social imediato em primeiro lugar e proporcionou-lhe uma experiência sem paralelo, o que garantiu que o seu nome estivesse na boca das pessoas que lhe importam.

- ✔ **Você ocupou e entreteve os seus convidados:** No que diz respeito ao seu gosto por bandas de tributo aos anos 80, você criou algo que foi espalhafatoso e divertido, e que dá uma ideia de quem você é. De qualquer maneira, gostos à parte, você apresentou alguma coisa um pouco diferente.

- ✔ **Você proporcionou uma lembrança clara:** Embora distribuir as fotos possa ser considerado um tanto ousado, você pôs um sorriso no rosto dos seus convidados e lhes deu uma lembrança de uma festa verdadeiramente extraordinária.

Estes três elementos: escolher o seu público, ocupar e entreter os seus convidados, e proporcionar uma lembrança, ajudarão a dar uma estrutura onde se pode começar a trabalhar no tipo de evento que você gostaria de realizar, porém, você pode melhorar ainda mais seu evento ao levar alguns outros itens em consideração.

Ser a única alternativa disponível

Quando você escuta histórias de negócios prósperos, frequentemente a explicação simples para o sucesso inicial deles é a de que, naquela época, eles eram a única alternativa disponível. Para que o seu evento tenha um bom público e para que obtenha o valor máximo pelo seu empenho, você vai querer se colocar na mesma posição.

Após ter feito uma varredura superficial inicial, olhando o calendário para descartar as datas que coincidem com feriados nacionais ou locais, é hora de mergulhar um pouco mais fundo. Faça algumas ligações para diversas organizações, tais como promotoras de eventos de turismo ou negócios (empresas públicas e privadas), passando-se por um turista ou interessado procurando por mais informações, querendo saber, casualmente, o que vai acontecer na semana da data planejada para o seu evento. A maioria destas organizações tem departamentos de Relações Públicas, cuja única ocupação é certificar-se de que o público esteja ciente dos eventos vindouros.

Sondar os concorrentes também é uma ótima ideia. Você pode querer considerar uma nova data ou intensificar os seus planos para garantir que o seu evento supere o do rival.

Fazer toda esta pesquisa por conflito de data pode não parecer muito divertido. O que é pior mesmo, porém, é gastar todo aquele tempo e dinheiro para produzir o seu evento apenas para ter o espetáculo roubado por outra de grande atração.

Facilitando as coisas para o seu público comparecer

Você tem um plano e sabe quais consumidores gostaria de atingir. Agora, precisa abrir caminho para que os seus consumidores ideais participem. O que pode fazer para facilitar o máximo possível o comparecimento do seu público-alvo? Comece colocando-se no lugar deles e considerando qual dia da semana funciona melhor para eles.

Agora que tem uma boa noção do dia em que quer realizar o seu evento, é preciso escolher uma hora. Antes de fechar um horário de vez, considere o seu público-alvo e faça algumas propostas iniciais (conduza uma pesquisa informal) para ver se ele funciona para o seu público. Se a resposta esmagadora ao seu horário proposto for "não", pergunte a este grupo representativo que horário funcionaria melhor para eles.

Por fim, deixe a janela de participação tão ampla quanto for apropriado. Tente tanto quanto for possível organizar seu evento de maneira que os convidados que chegarem lá no início, no meio ou no fim, tenham a mesma experiência.

Proporcionando uma experiência única

O clichê de que você tem apenas uma chance de causar uma boa impressão inicial tem uma razão de existir. Com tudo o que as pessoas têm à disposição nos dias de hoje, recai sobre você a responsabilidade de produzir algo único, algo que deixará os seus convidados felizes por terem perdido tempo dando uma passada ali. Quer você realize um evento para dez pessoas ou para mil, torne-o divertido e pessoal. Nos tópicos seguintes, nós mostraremos como.

Oferecendo um toque humano

Às vezes, o público vê iniciativas de marketing como algo insincero, fabricado e até mesmo manipulativo, o que, às vezes, é verdade. Logo, faça tudo em seu poder para provar que eles estão errados!

Coisas pequenas podem fazer uma grande diferença. Algo tão simples quanto ter uma pessoa atraente e sorridente cumprimentando os convidados à medida que eles chegam é mais eficaz do que a maioria das pessoas percebe. Você e sua equipe devem apresentar-se (o primeiro nome apenas) e conversar com os convidados. Uma conversação prazerosa com você e o seu pessoal vai ser lembrada.

Além disso, faça tudo o que puder, dentro dos limites éticos e cabíveis, para deixar os seus convidados confortáveis e felizes enquanto eles estiverem "em sua casa".

Dando um tratamento VIP aos seus convidados

Dê a seus consumidores uma experiência de primeira categoria. Entre outros toques de classe, os seguintes podem estar incluídos:

> ✔ **Hors d'oeuvres leves:** Não deixe que o francês o engane, isto pode ser tão simples quanto uma bandeja de queijos, um

sortimento de pequenos sanduíches ou um prato de *cookies*, servidos por alguém.

✔ **Drinques:** Mantenha água, café, chá ou outra bebida apropriada ao evento por perto.

✔ **Música:** Em uma reunião de pessoas completamente desconhecidas o silêncio é simplesmente assustador. Preencha o vácuo com um pouco de música. Considere o tom de seu encontro e encha o seu MP3 *player* com todas as canções certas.

✔ **Fotógrafo:** Ter um fotógrafo perambulando e tirando fotos dos seus convidados faz as pessoas sentirem-se admiradas pela imprensa e você terá ótimas fotos para documentar a experiência!

✔ **Brindes:** Você consegue oferecer amostras ou produtos da marca como agradecimento pela presença? Se puder, junte isso a um cupom ou peça impressa, dentro de uma bolsa de brindes com sua marca, para um belo toque de classe.

✔ **Decoração:** O ingrediente final que deve considerar é a decoração. O que pode ser acrescentado ao seu evento que ajudará as pessoas a sentirem-se mais confortáveis ou envolvidas, enquanto elas estão por ali? Será que algum móvel, iluminação ou vegetação adicional deixaria o local mais agradável?

Envolvendo os seus convidados

Envolvimento ou compromisso é o grau de participação exigido aos seus convidados a fim de que experimentem sua marca. Nos tópicos seguintes oferecemos algumas sugestões para tirar o máximo proveito disso.

Envolvimento limitado

Se o seu evento requer apenas um envolvimento limitado, tudo o que você vai pedir aos seus convidados é que eles compareçam e deem uma olhada no local. A ideia é que quando eles chegarem ali, fiquem impressionados com o que você está oferecendo e desejem procurá-lo para satisfazer suas necessidades.

Mesmo que não esteja pedindo nada ou quase nada aos seus convidados, não perca a oportunidade de reiterar quem você é e o que você faz. Tente empregar alguns complementos baratos que ajudarão sua marca a ficar na cabeça dos convidados:

- **Repetição em *PowerPoint*:** Trata-se apenas de uma apresentação rápida, exibida em um computador ou telas de TV nas paredes do local, que resume o seu negócio e pode ser repetida indefinidamente durante o transcorrer do evento, de modo que, uma vez que a apresentação acabe, ela reinicie automaticamente.

  Inclua na apresentação tantas fotos coloridas e intrigantes do seu negócio quanto possível. Tente alguma animação. Já quanto ao texto, ponha apenas os fatos! O que você faz? Como você faz? O que sua companhia tem de única?

- **Repetição em vídeo:** Uma repetição em vídeo é uma sequência de filmagem que dá aos seus convidados a chance de ver o que você faz. Mantenha o seu conteúdo breve, sucinto e, mais uma vez, tão exibido quanto sua marca permitir, para que ele se sobressaia.

- **Fotografias ampliadas:** Ao produzir estas fotos, leve sua marca em consideração. Há maneiras diferentes de apresentá-las que sejam únicas para sua marca? Pergunte-se como pode querer modificar as fotos de modo que seus consumidores deem uma segunda olhada nelas.

Envolvimento maior

Você decidiu que quer envolver os convidados, não que eles simplesmente passem por ali, mas que realmente participem do evento. Isso significa que você tem que criar algo que seja singular, e se este algo não se encaixar na definição, é melhor que os recompense bem por participarem da brincadeira.

Quanto mais pedir aos seus convidados, mais precisará estar preparado para compensá-los pelo seu envolvimento. Se o seu evento envolve fazer com que os convidados venham ao palco e paguem mico, é melhor que eles ganhem mais do que uma caneta com sua marca por conta disso. Calcule o que seria necessário para que você participasse no que estiver propondo aos seus convidados. Para certificar-se de que a recompensa está adequada ao feito (para saber mais sobre recompensar os seus consumidores, confira o quadro lateral "Levando a participação em conta" neste capítulo).

Para evitar a possibilidade de voluntários tímidos (ou inexistentes), tenha alguns amigos no meio da multidão servindo como "espiões" a quem poderá apelar para dar o pontapé inicial, se necessário. Os consumidores podem acabar aprendendo tanto sobre o seu produto ao assistir outra pessoa participando entusiasticamente das atividades quanto eles aprenderiam se fossem os participantes.

Levando a participação em conta

Uma grande instituição financeira criou um programa de fidelidade único, no qual os consumidores recebiam recompensas mais reais por usarem suas contas bancárias. As recompensas incluíam coisas como, consoles de videogame, câmeras digitais, e vales-presente. O desafio era criar um evento que desse aos convidados a oportunidade de experimentar estes prêmios diversos, na esperança de que eles abrissem uma conta na instituição.

A solução do banco foi criar um show em que se perguntava coisas sobre o programa usando os diversos prêmios disponíveis, dando aos consumidores uma experiência direta com cada um dos itens que eles poderiam receber por meio do programa de fidelidade.

Este engajamento dos convidados resultou em um recorde de novas contas no transcorrer dos três dias do evento. Mesmo que os convidados ficassem ali por um minuto ou por uma hora, eles ainda seriam capazes de viver a mesma experiência por terem comparecido. O programa foi tão bem-sucedido que foi para a estrada, para dar aos consumidores, em todo o país, a oportunidade de experimentá-lo!

Reunindo informações sobre os seus convidados

Acrescentar um componente "entre para ganhar" é uma oportunidade de seus convidados ganharem um prêmio ao inscreverem seus nomes e informações de contato e é bem mais fácil de executar do que você pode imaginar.

Em primeiro lugar, olhe para o seu negócio. Há algum prêmio relacionado à marca ou ao serviço que você possa oferecer aos convidados? Entre os bons prêmios estão incluídas recompensas em produtos ou serviços por um mês (ou mais). Quando estiver decidindo o que você vai distribuir, esteja ciente de que, quanto maior o valor do prêmio, maior o número de prováveis participantes.

 Certifique-se de articular, clara e apropriadamente, coisas como regras, elegibilidade e datas de inscrição.

Providencie canetas e fichas em branco em uma mesa portátil coberta. Inclua uma ficha já preenchida, de forma que os consumidores possam ver a informação que você está pedindo a eles. Sugerimos o seguinte:

- ✔ Nome
- ✔ Endereço
- ✔ Telefone
- ✔ E-mail
- ✔ Como você ficou sabendo do evento?
- ✔ Podemos entrar em contato com você para mais notícias e atualizações?

Informe, gentilmente, aos seus convidados, seja na ficha ou verbalmente, que inscrições incompletas não serão elegíveis ao prêmio. Incluir estes elementos vai garantir que você obtenha detalhes importantes que poderá usar para e-mails direcionados ou e-mails em massa no futuro. A última pergunta lhe dará a oportunidade de fazer um acompanhamento após o evento e desenvolver uma mala direta útil.

Se você não encontrou nada para dar de prêmio, corte inteiramente o "entre para ganhar" e em vez disso opte por um livro de visitas. Livros de visitas podem ser vistos como uma maneira mais refinada e conhecida de documentar todos aqueles que estiveram presentes.

Recepções e Performances

Se estiver preparando uma recepção ou performance para o seu evento, você vai querer encontrar _performers_ ou celebridades que sejam relevantes para a marca e que agreguem valor ao evento ou à experiência. A frase crucial aqui é "relevante para a marca".

Antes de tudo, você precisa avaliar se a celebridade ou _performer_ vai contribuir para os seus planos. Se após avaliar o seu evento decidir que sim, você precisa pensar em quem deve chamar.

Encontrando e cumprimentando

Recepções são instrumentos efetivos para transmitir sua mensagem e proporcionar aos consumidores uma experiência que pode ser fora do comum.

Tais eventos são instrumentos empolgantes, mas não são para todos. Eis algumas questões para ajudá-lo a decidir se este instrumento pode ser útil para você:

- **O convidado tem algo de útil para compartilhar com os meus consumidores?**

- **Há algum item ou produto de interesse em sua vitrine que possa ser badalado, promovido ou vendido em conjunção com a visita do seu convidado para gerar um impulso nas vendas?**

- **Ter essa pessoa falando em seu evento pode interessar à imprensa?**

Conseguindo convidados e oradores

A não ser que tenha os bolsos cheios, entre em contato com as estrelas locais mais relevantes primeiro. Você terá contato direto e as possibilidades do que será capaz de conduzir em seu evento serão maiores também.

Uma forma de pensar é trazer alguém que possa se beneficiar do comparecimento ou da fala tanto quanto você vai se beneficiar de tê-lo ali. Deixar claros os benefícios da participação pode colocar você em posição de lucrar com a presença dele a custo mínimo ou zero.

Talvez você olhe para sua lista de candidatos e decida trazer alguém realmente famoso. Se for o caso, comece a fazer ligações e procurar pelo agente (para saber mais sobre como rastrear celebridades elusivas, consulte o Capítulo 7).

Seja claro sobre o grau de participação que você precisa da celebridade. Além disso, identifique quaisquer vantagens adicionais (como estar apto a expor sua mercadoria em seu evento) que você possa oferecer para justificar o envolvimento dela.

Se a celebridade e/ou *performer* está vindo de fora da cidade, certifique-se de que fechou acordo sobre quem vai cobrir as despesas de locomoção e viagem.

Ter um plano claro de ataque

O convidado é outro fator sobre o qual você precisa planejar. Você precisa aparecer com um roteiro do show (uma folha de papel detalhando as informações de contato, obrigações/responsabilidades e o cronograma do evento) e dá-lo ao seu convidado e às outras partes envolvidas. Este documento deve incluir o seguinte:

- ✔ Nomes de contato e números de telefone de todos os participantes.

- ✔ As obrigações, responsabilidades e quaisquer outras solicitações especiais ao convidado.

- ✔ O horário da chegada do convidado no local e o modo de transporte.

- ✔ O cronograma para a aparição do convidado em seu evento.

- ✔ O horário de partida do convidado.

- ✔ Frases de convencimento para o seu convidado, caso ele tenha a oportunidade de falar com a imprensa.

Para complementar, prepare uma síntese de produção, uma lista com todas as peças de produção necessárias para a aparição do seu convidado (mesa, toalha de mesa, microfone, uma caixa de água mineral, cadeira confortável e assim por diante).

Tirando o máximo de proveito de uma oportunidade

Agora, você precisa espalhar a notícia! Publique sua programação em qualquer lugar onde o seu público-alvo poderá vê-la. Pregue placas em volta do local, identifique locais que estão na moda e seu público frequenta, ponha anúncios em quadros de avisos comunitários, passe algum tempo online, você sabe, as coisas de sempre.

Aproveite as oportunidades adicionais de tirar o máximo desta atração, tanto no dia do seu evento quanto nas semanas e meses posteriores. Eis como fazê-lo:

✔ **Ofereça acesso VIP antes do evento:** Por que não organizar uma festa VIP de lançamento antes do evento em si? Se tiver contratado uma celebridade, esta é uma oportunidade para que os seus melhores consumidores ganhem autógrafos e tirem fotos com os seus convidados.

✔ **Quando o seu convidado especial estiver fazendo a grande entrada, faça com que sua aparição seja o mais visível possível:** Dessa maneira, você, com certeza, conseguirá o burburinho boca a boca que procura.

Ao negociar o contrato com o convidado, certifique-se de esclarecer por quanto tempo a pessoa ficará dando autógrafos e deixe isso claro aos presentes. Achamos que, geralmente, uma hora basta.

✔ **Arrume alguma coisa para se trabalhar depois.** Por que não posicionar-se para colher os resultados da aparição do seu convidado muito depois dele deixar o local? Eis alguns exemplos:

• Fotos: Você deve ser capaz de sair dali com fotos excepcionais do seu convidado especial ao seu lado, ao lado da marca, e dos seus convidados. Se for possível, obtenha a permissão da celebridade para usar sua imagem em materiais de marketing futuros.

- Vídeo: Deixar de capturar o momento quando você teve a chance o fará bater a mão na testa posteriormente.

- Itens autografados: Conseguir que o seu convidado autografe alguns itens extras pode se mostrar proveitoso no futuro. Fotos tamanho 20x25 em papel brilhante são uma oportunidade única para que o seu convidado crie um brinde personalizado para os presentes.

Seleções de Elenco

Procurando por uma voz ou cara nova para representar sua marca? Dê aos seus consumidores a oportunidade de ir ao centro do palco organizando uma seleção de elenco.

Uma seleção de elenco é, geralmente, usada pelos profissionais em busca talentos para coisas como comerciais, episódios-piloto para a TV e longas-metragens. Porém, para os nossos propósitos, uma seleção de elenco também pode ser usada como um evento de marketing em si mesmo, quando for direcionada aos consumidores.

Quando realizada corretamente, os benefícios de organizar uma seleção de elenco são duplos:

- ✔ Você tem a oportunidade de encontrar ótimos talentos para representar sua marca.

- ✔ Você pode encontrar e agradar os seus clientes e consumidores em potencial.

Localizando o seu talento

Ao começar a procura, tenha em mente o seguinte:

✔ **Tenha uma definição clara de quem você está procurando.**

✔ **Deixe claro o que eles vão ganhar com isso.**

Pense onde o seu público-alvo mora e trabalha e espalhe a notícia. Não se esqueça de contar a eles os benefícios da participação!

Estruturando sua seleção

Agora que você sabe o que está procurando, é hora de estruturar sua seleção. Eis as chaves que precisa ter em mente:

✔ **Escolha um local para sua seleção de elenco.**

✔ **Proporcione uma mesa de inscrição.**

✔ **Determine a ordem das audições.**

✔ **Dê um texto a eles.**

✔ **Grave os concorrentes.**

✔ **Agradeça-lhes por comparecer.**

Figura 8-1:
Quem nós temos aqui? Faça uma ficha de audição para ficar de olho nos seus talentos

À procura de uma nova cara para a Fricassê

Nome: _____

Endereço: _____

Telefone: _____

Altura:_____Peso:_____Cor do cabelo:_____Cor dos olhos:_____

Filiação a Sindicato:
_____

Experiência:

Conflitos de Horário:

Se estiver procurando por um talento com menos de 18 anos ou qualquer que seja a maioridade em sua área, certifique-se de que os pais deem seu consentimento por escrito, permitindo que os filhos participem e sejam fotografados.

Contratando sua estrela

Ao longo de sua busca exaustiva, você encontrou sua estrela! Isso é ótimo, mas antes de coroá-lo ou coroá-la como seu novo rosto, tome os devidos cuidados para se proteger (e à sua marca).

Certifique-se, apenas, de que não há nada sobre o passado recente da pessoa que possa causar embaraço a você ou ao seu produto. Embora todos nós tenhamos segredos, solicitar referências pessoais e profissionais e contratar um investigador profissional (se o orçamento permitir) para checar antecedentes são instrumentos úteis para descobrir tudo sobre o seu talento. Se tudo se confirmar, contate o seu talento e avise-o que ele está nas finais, mas que você gostaria de algumas referências. Ligue para as referências e certifique-se de que aprova o quadro que eles pintarem da pessoa que você selecionou. Se tudo isso bater, chame o seu talento, certifique-se de que ele se sente confortável com todos os aspectos de sua campanha e dê-lhe a boa notícia!

Eventos ao Vivo

Batalhe para conseguir que uma TV local ou estação de rádio apareça e faça uma transmissão ao vivo do seu evento, ou tente encontrar uma maneira de ser entrevistado ao vivo sobre o seu evento.

Entrando no ar

Se não estiver fazendo alguma proeza (consulte o Capítulo 7), pode ser difícil estimular a TV ou o rádio a cobrir ao vivo suas atividades. Ainda assim, há maneiras de ajudar a instigar um pouco de publicidade gratuita para o seu evento:

> ✔ **Apresente-se como um especialista.** Caso haja um show ao vivo de TV ou rádio relacionado ao seu ramo de atuação, sua experiência e presença podem ajudar a levar você (e o

seu negócio) longe. Uma aparição como especialista em um debate ou matéria pode garantir uma propaganda ao vivo dos seus serviços ou evento ou pelo menos uma menção ao seu site ou endereço.

✔ **Ofereça prêmios.** A necessidade das emissoras de rádio de oferecer alguma coisa empolgante, para garantir a sintonia do ouvinte delas, pode ser o tíquete de que você precisa para ajudar a promover o seu evento. Se puder aparecer com alguma coisa de valor, é provável que consiga menções ao vivo quando a competição for anunciada.

✔ **Crie um evento imperdível.** Conseguir transmissão de rádio no local sem comprar mídia é um desafio. Se puder proporcionar um evento único à faixa demográfica da estação, oferecer algo para ser dado como prêmio em um concurso e organizar um evento para que o DJ atue como anfitrião, mestre de cerimônias ou mesmo como o diretor de elenco, aí talvez você não apenas consiga que eles compareçam como receba todas as menções ao vivo que o seu coração deseja.

Se apesar de todo o seu trabalho duro você ainda não conseguir que a mídia venha ao seu evento, talvez seja hora de levar o seu evento, ou parte dele, à mídia.

Sabendo o que fazer quando a imprensa chega

Assim que a mídia chegar ao seu evento, você precisa fazer tudo o que puder para deixar uma impressão positiva dele e de sua marca. Eis alguns indicadores do que fazer:

✔ **Apresente-se imediatamente e ofereça materiais do evento (conhecidos como kit de mídia).** Nele incluem-se um

comunicado à imprensa (consulte o Capítulo 16), biografias de todas as partes envolvidas, fotos e informações de contato.

✔ **Tenha alguém bem informado sobre o seu evento disponível para responder perguntas, mostrar a estrutura e facilitar entrevistas com qualquer talento no local.**

✔ **Mantenha-se acessível caso eles tenham alguma pergunta ou precisem de assistência.**

✔ **Dê a eles o melhor lugar na casa.**

Enquanto a mídia estiver apreciando o melhor que o seu evento tem a oferecer, por que não dar a ela algo exclusivo? Um bufê leve e guloseimas podem ajudar a causar uma melhor impressão.

Parte III

Oportunidades à Sua Volta: Mídia Não-Tradicional

por Rich Tennant

Nesta parte...

Nos dias de hoje, são muitas as opções disponíveis para comunicação e conexão direcionada, esperando que você as escolha e deixe sua marca exclusiva no cenário do marketing.

Os capítulos desta parte descrevem e debatem algumas das plataformas populares e reconhecíveis, esculpem maneiras de fazer com que sua mensagem se sobressaia e proporcionam amostras de compra de espaço de mídia e os custos associados com cada uma delas.

Embora plataformas não-tradicionais já existentes com certeza o deixem intrigado, o seu revolucionário interno nunca ficaria satisfeito parando por aí. Talvez um dos elementos mais imaginativos e empolgantes do Marketing de Guerrilha seja a criação de uma nova mídia. Quando estiver buscando se sobressair na abundância de mensagens de marketing, você precisa estar à frente do seu tempo e criar novas plataformas para apresentar sua marca. Nesta parte, discutimos a importância de usar sua própria criatividade para descobrir e usar recursos inexplorados à sua volta para compartilhar sua mensagem de modo eficaz.

Capítulo 9

Ao Ar Livre

● ●

Neste Capítulo

▶ Começando sua busca por anúncios em outdoor

▶ Escolhendo a melhor opção para você

▶ Entrando em contato com os vendedores

▶ Criando os seus anúncios

▶ Levando sua marca para a estrada

● ●

O modo de vida em constante atividade dos dias de hoje pode deixar as pessoas estressadas, mas para o marqueteiro perspicaz, ele apresenta uma ampla gama de oportunidades para atingir consumidores externos, fora de suas casas. Você pode selecionar a mídia que vai possibilitar a melhor maneira de transmitir sua mensagem para a faixa demográfica-alvo de forma direta e amplamente visível.

Neste capítulo, exploramos uma variedade de opções para atingir consumidores ao ar livre. Detalhamos um panorama básico com alguns dos métodos mais populares, assim como os benefícios e desvantagens de cada um. A partir daí, entramos na esfera da identificação e contato com as pessoas que vão ajudá-lo a espalhar sua mensagem e a criar o seu anúncio. Por fim, mostramos como pôr sua mensagem na estrada, quer você tenha um orçamento apertado ou opere em uma escala mais grandiosa.

Comprando Espaço Externo: O Que Tem Lá Fora?

Aqui, nós o deixamos a par das opções mais populares disponíveis e oferecemos as nossas sugestões sobre o que, como e de quem comprar.

Wild Posting

No que diz respeito ao marketing e à propaganda, *wild posting* é o instrumento mais agressivo do guerrilheiro. Ele consiste em diversos pôsteres colados em qualquer parede ou superfície lisa — e, em alguns casos, em postes de luz ou de rua também.

A técnica em si não tem nada de novo. Na verdade, ela está presente há séculos, usada para promover de tudo, desde shows de *vaudeville* até lutas de boxe.

O wild posting pode ser executado de várias maneiras diferentes — de pôsteres em grande escala a pequenos folhetos repetidos ao longo do espaço. Indiferentemente do tamanho e do conteúdo dos pôsteres, porém, as duas categorias principais de wild posting podem ser divididas em: com ou sem permissão.

Partindo para a guerrilha total: wild posting sem permissão

Embora aprovemos a mídia, nem sempre defendemos o método. Se decidir tomar o rumo de não pedir permissão, tome cuidado: embora colar pôsteres sem permissão seja uma atitude guerrilheira na essência, este método pode deixá-lo com a caixa postal cheia de multas elevadas e algumas cartas com linguagem forte. Algumas municipalidades têm regras bem estritas restringindo e, às vezes, proibindo completamente este tipo de cotagens. Como isso varia de cidade para cidade, sua melhor aposta é começar investigando o assunto em uma agência ou loja de pôsteres e, então, procurar pelos departamentos de polícia e de gestão urbana para ver quais são as opções e tomar uma decisão esclarecida a partir daí.

O melhor de dois mundos: permissão para divulgação por wild posting

 Se estiver interessado em adotar esta mídia com permissão, nós recomendamos fortemente que trabalhe com uma agência ou vendedor familiarizados com este método e que possam ajudá-lo a pesar as opções quanto ao local, à duração e ao preço que deve pagar por sua compra. Trabalhar com vendedores de pôsteres tem diversas vantagens:

- ✔ **Eles podem fornecer locais pré-determinados que se espera que estejam disponíveis no período em que você está pensando em comprar.** A maioria dos locais pré-determinados está em propriedade privada — lugares como muros de obras, cercas em estacionamentos, e, às vezes, até mesmo lojas e edifícios que arrendam espaço nas paredes.

- ✔ **Eles podem auxiliar com a produção dos pôsteres.** Os custos de produção, entretanto, ainda estão sob sua responsabilidade.

- ✔ **Eles lidam com a instalação e a manutenção dos pôsteres.** Isso varia de agência para agência.

- ✔ **Eles vão (ou deveriam) fornecer checking fotográfico ao final da campanha.** Isso lhe dará uma prova de que os seus pôsteres foram realmente colados, além de fornecer um registro de sua compra.

Quando encontrar algumas agências que lhe interessem, pergunte-lhes como eles cuidam da execução da mídia e decida qual rumo é o correto para você, sua marca e seu orçamento.

Ao falar com um vendedor de pôsteres, certifique-se de:

- ✔ **Explicar quem você está tentando atingir.**

- ✔ **Ter alguns locais sugeridos em mente.**

- ✔ **Informar ao vendedor sobre o tempo que quer que os seus pôsteres apareçam.**

> ✔ **Wild posting é algo tradicionalmente vendido em três sistemas diferentes:**
>
> • Exibição única: Geralmente consiste de dois pôsteres por local.
>
> • Exibição dupla: Geralmente consiste de quatro pôsteres por local.
>
> • Painel dedicado: Domínio completo do espaço, dando uma aparição digna de outdoor por uma fração do preço.

A maioria dos vendedores quer que o seu programa seja bem-sucedido tanto quanto você quer, portanto, certifique-se de pedir — e prestar atenção — a opinião deles sobre o que já foi eficaz para os clientes deles no passado.

Outdoors

Você provavelmente os vê em todo lugar que vai. E mesmo que viva em uma cidade que os baniu, se você já viajou de carro alguma vez, já viu dúzias deles. O que são eles? Outdoors. Há dois tipos principais de outdoors, e nós tratamos deles nos tópicos a seguir.

Vivendo ostensivamente: Outdoors fixos

O outdoor é o primo mais sofisticado do wild posting. Outdoors fixos são largas paredes com vistas ou estruturas autossuficientes. Eles são usados para apresentar a mensagem e o logotipo de uma marca de uma maneira amplamente visível e sem obstruções.

Outdoors também são um método mais tradicional de anunciar do que, digamos, wild posting (veja a seção anterior). Por meio de posicionamento direcionado, permitem atingir um público amplo. É claro que com a maior visibilidade vem uma etiqueta com um preço maior.

A postura do guerrilheiro é olhar para um método testado e aprovado executá-lo com alguma novidade. Em outras palavras, se você está pensando em um *outdoor*, pergunte a si mesmo o que pode fazer para tornar esta presença (mais dispendiosa) se sobressair. Por exemplo, acrescentando iluminação especial, vídeo ou relevo tridimensional.

Uma experiência em movimento: Outdoors móveis

Outdoors móveis são caminhões-plataforma modificados com grandes unidades de sinalização no lugar da caçamba, onde anúncios personalizados podem ser exibidos.

Para a exposição mais efetiva possível, mire em locais concentrados (como áreas urbanas ou locais amplos e movimentados) onde você possa se deslocar mais devagar e dar às pessoas a chance de captar sua campanha.

Se estiver interessado em outdoors móveis, fale com as agências em sua área para descobrir uma que tenha esta arma no arsenal. Procure as agências tradicionais de venda de outdoors e veja se elas incluem este serviço em suas ofertas. Se não o fizerem, procure online. Pergunte como eles executam os programas e como eles provam ou documentam o desempenho; então, analise os valores e custos.

 Entre em contato com os distritos policiais para descobrir mais sobre as regulamentações locais sobre som e, se possível, acrescente um componente sonoro ao seu outdoor móvel.

Projeções

As projeções utilizam um facho de luz poderoso para projetar o conteúdo ou logotipos de uma marca contra paredes ou outras superfícies lisas. Elas são uma maneira versátil e chamativa de se apresentar mensagens após o anoitecer.

Na maioria dos casos, as projeções são executadas em estilo guerrilheiro por uma agência que tenha o equipamento necessário:

🖝 Um projetor com a capacidade de projetar uma imagem por 6 a 9 metros de distância.

🖝 Um laptop com o conteúdo que você vai projetar.

🖝 Um gerador auxiliar fornecendo energia para a estrutura em um local próximo ou em um veículo.

Embora o efeito das projeções deixe os consumidores hipnotizados, os moradores ao redor delas podem ficar descontentes com o que verão como "propaganda intrusiva". Geralmente o barulho de um gerador não ajuda muito a acalmar estas relações, também.

Se por acaso não tiver um projetor poderoso para sair por aí perambulado pelas ruas, você pode querer trazer suas projeções à loja. Um projetor simples, do tipo usado em apresentações, pode ser montado dentro de sua loja ou escritório em uma parede livre (ou apontado pela janela em direção à calçada durante a noite) para transmitir sua mensagem.

Táxis, estações de trem, cabines telefônicas e outros

Nos tópicos a seguir, proporcionamos uma visão geral de alguns outros veículos populares para atingir o seu público-alvo, quando ele estiver andando por aí.

Há diversas maneiras de se empreender propaganda nestes locais. Na maioria dos casos, a agência que tem os direitos de publicidade exibe claramente na estrutura que suporta o anúncio com o nome da companhia, o seu logotipo e talvez até mesmo o seu endereço na Internet.

Se você vir algum lugar na cidade que seria perfeito para apresentar sua mensagem, procure a pessoa a quem o lugar pertence e veja se consegue fazer um acordo. Você pode acabar criando uma nova mídia (para saber mais sobre a criação de novas mídias, confira o Capítulo 11)!

Um abrigo para sua mensagem

A propaganda em coberturas de ponto de ônibus é composta geralmente por anúncios em grande escala em locais selecionados e são eficazes para atingir consumidores por causa de sua grande visibilidade.

Viajando de ônibus por aí

Em especial nas áreas densamente populosas, a propaganda em laterais de ônibus é um instrumento eficaz para compartilhar sua mensagem.

Táxi!

Durante a hora do rush, de madrugada e quando o tempo está ruim, todos os olhos se voltam para o topo dos táxis para ver quais estão ocupados e quais estão disponíveis. Com toda essa atenção, os topos dos táxis se tornam superfícies ideais para anunciar.

Indo aos subterrâneos com o metrô e os trens

Dependendo das regras estabelecidas pelas autoridades locais de trânsito, se você puder pagar, você pode anunciar. Eis dois exemplos de propaganda em terminais:

- ✔ **Plataformas de trem e de metrô.**

- ✔ **Anúncio interno nos vagões.**

Escolhendo a Forma Correta de Publicidade Externa para Você

Após considerar todas as opções, é hora de fazer uma rápida lista de controle:

- ✔ **Alguma forma de publicidade externa diz respeito à sua marca mais do que as outras?**

- ✔ **Alguma das formas de publicidade externa funciona melhor do que as outras para exibir sua mensagem já existente?**

- ✔ **Há alguma forma de publicidade externa em particular que reforçará a percepção da marca dentro de uma vizinhança selecionada ou região geográfica?**

> ✔ **Talvez a questão mais importante: Quanto você pode realmente pagar?**
>
> A grande questão é: "O que quer fazer?". E a resposta está em encontrar maneiras de chegar lá mantendo a boa relação custo-benefício. Não veja o seu orçamento como um obstáculo — veja-o como uma oportunidade de ser criativo com as plataformas que você pode arcar.

Recomendamos que você desenvolva o que nós chamamos de mix de mídia estratégica, em que você combina iniciativas selecionadas com um evento ou campanha de distribuição nas ruas de forma a usar o alcance que estas compras de mídia proporcionam e transformá-lo em uma interação mais pessoal, olho no olho, com o seu consumidor.

Cantando Pneu na Estrada: Anunciando o Seu Negócio em Todo Lugar que Vai

O marketing móvel lhe dá mais uma oportunidade de atingir um grande número de consumidores em potencial enquanto você lida com seus afazeres diários. Nos tópicos a seguir, cobrimos diversas formas de marketing móvel e como tirar o máximo proveito destas oportunidades.

Antes de gastar, primeiro dê uma olhada no potencial dos veículos já disponíveis. Você tem uma van de carga? Uma perua? Um trailer? Um caminhão de entrega? Melhor ainda, uma frota (de três ou mais) de qualquer um deles? Se for o caso, você pode ter uma plataforma para apresentar sua marca por meio de recursos de negócio já existentes.

Sempre olhe para os recursos que você tem à mão antes de pensar em gastar mais dinheiro.

Caso esta alternativa seja inviável, considere qual veículo pode ser apropriado e como você gostaria de pôr sua marca nele.

 Certifique-se de que seu modelo case com sua mensagem. Se tiver recursos, trabalhe para adaptar da melhor maneira possível o seu modo de transporte com a mensagem de sua marca.

Após ter decidido quais tipos de veículo usará, você precisa selecionar a maneira que vai expor sua marca. A forma mais popular de pôr uma marca em um veículo é chamada de envelopamento. Envelopar um veículo envolve a criação de películas de vinil que são coladas em partes do veículo ou nele todo. Dependendo se você possui o veículo ou não, o envelopamento pode ser permanente ou temporária para uma campanha específica.

 Se você for envelopar um veículo alugado, certifique-se de que tanto a agência de aluguel de carros quanto o fornecedor do serviço saibam de suas intenções. Nem todas as companhias de aluguel de carros aprovam o envelopamento de veículos — mesmo que seja completamente removível.

Se decidir embalar os seus próprios veículos, você precisa contratar um profissional de envelopamento para criar um molde, projetar o trabalho decorativo, imprimir e produzir os materiais, e aplicar tudo em seu veículo.

O envelopamento pode ser proibitivo em termos de custos e, em algumas situações, nada prático. Se envelopar um veículo não vai funcionar no seu caso, analise opções como ímãs, decalques ou adereços de teto personalizados, que são bem mais baratos de se produzir e podem ser removidos. Sua gráfica local deve ser capaz de fazer isso para você ou, pelo menos, de pô-lo em contato com alguém que possa.

Capítulo 10

Ambientes Internos

. . . .

Neste Capítulo

▶ Levando sua mensagem para dentro

▶ Escolhendo a melhor opção para você

▶ Adequando os seus materiais para que combinem com o local

. . . .

Para atingir o seu público, você precisa saber quem são eles, o que fazem e onde fazem. O marketing em recintos fechados lhe dá a oportunidade de selecionar locais específicos sob medida para atingir os seus consumidores.

Neste capítulo, identificamos algumas das opções mais populares de marketing em locais fechados disponíveis e o inteiramos quanto à sua eficácia em atingir diversas faixas demográficas. Depois, tratamos dos métodos para desenvolver o seu merchandising e torná-lo tão específico e focado quanto possível.

Obtendo o Máximo Proveito da Propaganda Interna

Ao contrário da propaganda externa, que pode ser vista apenas de passagem, a publicidade interna frequentemente tem o benefício de um público imóvel e cativo.

O estabelecimento comercial cria um estado de espírito no consumidor. Fazer compras em um shopping, socializar em um bar, apreciar conteúdo voltado ao entretenimento em um cinema — simplesmente estar nestes espaços desperta certas associações nas mentes dos consumidores. Use esta informação para apresentar o seu produto da maneira mais eficaz.

Há diversas formas de atingir consumidores em ambientes fechados. Cada uma destas plataformas de propaganda interna corresponde a outra ferramenta no seu cinto de utilidades de marketing.

Nos tópicos a seguir, cobrimos os métodos principais de publicidade em ambientes fechados, de forma que você tenha as informações necessárias para decidir quais métodos são os melhores para você.

Propaganda em bares, restaurantes e toaletes

Anunciar em bares, restaurantes e toaletes não tem nada de novo. Antigamente, vendedores experientes deixavam jornais gratuitos em cima dos mictórios, abertos bem na página onde estavam seus anúncios. Ao longo dos anos, a mídia evoluiu — agora, estes mesmos anúncios falam, borrifam água de colônia e distribuem amostras.

Nos tópicos seguintes mostraremos as diversas formas de atingir o seu público-alvo nestes estabelecimentos.

Aproximando-se do bar

Atingir consumidores em bares e restaurantes é uma forma única de contato, porque os clientes geralmente estão relaxados e com vontade de se divertir. Quando se está pensando em produzir materiais de marketing, esta atmosfera oferece mais liberdade para explorar uma variedade de possibilidades no local e de textos publicitários que podem não ser tão bem recebidos em outros lugares.

Seguem algumas das formas mais populares de conseguir ser notado:

- **Descansos de copo.**

- **Guardanapos de coquetel.**

- **Agitadores (varetas) de drinque.**

- **Pôsteres.**

- **Tendas de mesa:** São aquelas peças de vidro, plástico ou cartão, de duas faces e pequenas, posicionadas em cima de mesas. Os consumidores sentam na frente delas por um bom período de tempo, logo você pode usar um pouco mais de texto publicitário nelas do que poderia em algumas das outras mídias.

Tendas de mesa geralmente não estão disponíveis em locais mais sofisticados, portanto, tenha isso em mente se estiver tentando atingir um público-alvo mais abonado.

✔ **Brindes gratuitos:** Usados predominantemente pelas companhias de bebida, envolvem ter representantes da marca nos bares distribuindo prêmios (como chapéus, toalhas ou camisetas) e até mesmo cupons de drinques gratuitos em uma tentativa de aumentar as vendas de um produto em particular.

Após imprimir os seus descansos de copo, guardanapos de coquetel ou agitadores de drinque, você deve estar apto a negociar com bares e restaurantes para que eles os usem sem custo adicional, já que é uma coisa a menos pela qual eles têm que pagar.

Indo ao banheiro

 De acordo com um estudo conduzido pela Audits & Surveys Worldwide publicado na revista *Media Life* (28 de abril de 2003), 78% dos consumidores (em 14 locais de quatro grandes cidades americanas) lembraram de um ou mais anúncios em toaletes; 75% achavam que propaganda em toaletes era uma "boa ideia"; 75% achavam que o anúncio era mais visível, ou tanto quanto, do que outras formas de mídia, e 24% viam a marca de forma mais positiva após ver um anúncio de toalete.

Eis alguns lugares para promover o seu negócio enquanto seus consumidores vão ao banheiro:

✔ **Cabines:** Anúncios em cabines são exatamente o que parecem, publicidade posicionada dentro das cabines de um banheiro.

✔ **Mictórios:** Anúncios em mictórios são placas posicionadas na altura dos olhos acima dos mictórios.

✔ **Cápsula desinfetante:** Sim, você pode pôr sua marca até mesmo nelas. São armações de plástico com sua marca que protegem os desinfetantes dentro de mictórios.

✔ **Pôsteres:** São geralmente posicionados ao lado da pia do banheiro.

Escolha alguns bares e restaurantes aonde você gostaria de anunciar e confira quais são as oportunidades existentes neles. Uma maneira de fazê-lo é abordar o estabelecimento diretamente para ver se as oportunidades desejadas estão disponíveis; se estiverem, pergunte se você pode trabalhar diretamente ou se tem que contatar o parceiro de mídia deles.

Embarque imediato: sua mensagem

Um restaurante temático sobre aviões criou uma nova forma de propaganda em banheiros para ajudar os anunciantes a decolar. À medida que os fregueses do bar entravam no banheiro (onde cabia apenas uma pessoa), ativavam um sensor de movimento que começava a tocar um anúncio em áudio imitando uma demonstração de procedimentos de segurança. A declaração vinha completa, com som de turbina de avião, gracejos dos pilotos e anúncios engenhosamente inseridos: "ao olhar à sua esquerda, você encontrará a pia; e se olhar para suas necessidades de moda, você encontrará as roupas da Marca Tal". Os anúncios em áudio eram divertidos e únicos, criando a oportunidade de pôr a pulga atrás da orelha dos fregueses, mesmo que eles não ganhassem um travesseirinho e amendoins na experiência.

Propaganda nos cinemas

Alguns dos formatos populares de atingir cinéfilos são os seguintes:

- **Sacos de pipoca e concessões.**

- **Telas no saguão de espera.**

- **Quadros e vídeos na tela.**

As marcas gostam de propaganda nos cinemas por uma série de razões. Você pode atingir a vizinhança que quer e, dependendo do estilo do cinema ou do filme a ser exibido, é bem fácil ver se a faixa demográfica ali é compatível com a marca ou produto que você está promovendo.

Saber quem você precisa contatar varia de acordo com o cinema no qual quer anunciar. Muitas das cadeias maiores têm suas próprias equipes de vendas internas, enquanto algumas das cadeias menores ou cinemas independentes trabalham com uma variedade de fornecedores. A primeira parada é visitar o site do cinema e contatar o departamento de marketing. Você será capaz de descobrir logo se pode trabalhar diretamente com o estabelecimento ou precisa falar com a agência de mídia deles.

 Você pode querer fazer uma conexão com a propaganda no cinema. Por exemplo, digamos que você seja proprietário de um belo restaurante italiano a alguns quarteirões de um cinema consagrado. Você pode querer criar sua própria campanha "um filme e um jantar", onde o seu anúncio informa aos consumidores que, se eles mostrarem o canhoto do ingresso, ganharão uma taça de vinho de graça em seus jantares. Acrescentar este apelo à ação também proporciona uma oportunidade de medir sua campanha e ver o quão eficaz o seu anúncio realmente é (para saber mais sobre apelos à ação, vá ao Capítulo 6).

Estações de transporte público e outros locais

Utilizar locais onde as pessoas passam o seu tempo pode ser a chave para o sucesso de uma campanha de publicidade interna.

Terminal de transporte

Terminais de viagem frequentemente são locais perfeitos para atingir sua faixa demográfica alvo. Por quê? Alguns motivos:

- **Frequência:** É o número de vezes que sua mensagem vai ser apresentada aos consumidores. Se estiver apresentando sua mensagem em um terminal, pode apostar no fato de que os consumidores vão visualizar sua marca pelo menos duas vezes por dia, na ida e na volta. Multiplique isso pelo número de meses que o seu anúncio está de pé. Assim, você causa uma grande impressão.

> ✔ **Compromisso:** Com os atrasos, integrações e assim por diante, o período de tempo que os consumidores têm disponível para experimentar sua marca é maior. Durante todo este tempo, você tem sua plateia cativa e a oportunidade de contar-lhe mais um pouco sobre o seu serviço ou produto.

Por estas razões, aeroportos, voos, terminais de trem, ônibus e VLT (Veículo Leve sobre Trilhos) podem se tornar plataformas perfeitas para oportunidades de propaganda. As formas de mídia variam de terminal para terminal e de mercado para mercado. Neste plano, a maioria, senão toda a propaganda, é negociada com uma agência de mídia que toma conta das vendas em nome do terminal.

Academias desportivas

As oportunidades disponíveis dependem da academia. Academias de cadeias maiores podem estar preparadas para lhe oferecer mais oportunidades, como propaganda em monitores nos aparelhos de corrida, organização de eventos na academia, distribuição de amostras do seu produto para os frequentadores e assim por diante.

O primeiro passo é verificar o que há por aí: vá até a recepção da academia em que você quer anunciar e peça para falar com alguém sobre anúncios no local.

Supermercados

Muitos negócios deixam de considerar o quão eficaz a propaganda em supermercados pode ser. Os supermercados são locais onde os consumidores já estão no espírito para comprar coisas, o que significa que estão abertos a mensagens de marca.

Algumas maneiras de levar sua mensagem ao seu alvo incluem as seguintes:

> ✔ **Folhetos, revistas e circulares.**

> ✔ **Mostruário.**

> ✔ **Carrinhos de compras.**

✔ **Televisores na loja.**

✔ **Demonstrações e amostras de produtos.**

✔ **Guichê do caixa:** É a derradeira tentativa de estimular a compra por impulso. Sinalizações posicionadas no guichê do caixa também fazem parte da mesma escola de pensamento.

Shoppings centers

Os shoppings centers são uma plataforma extraordinária para se entrar em contato com determinadas comunidades em geral. As pessoas, em geral, vão ao shopping porque esperam gastar algum dinheiro e estão abertas a ouvir falar sobre o que sua companhia tem de maior e melhor para oferecer.

Entre as oportunidades de propaganda disponíveis dentro do local estão incluídas as seguintes:

✔ **Grandes painéis iluminados.**

✔ **Monitores.**

✔ **Ilustrações no chão, nas portas, nos elevadores e nas escadas rolantes.**

✔ **Toalhas de bandeja e guardanapos.**

A maioria dos shoppings já fez a maior parte da pesquisa de mercado para você. Ligue para o departamento de marketing dos shoppings que lhe interessarem para conseguir informações privilegiadas sobre o tráfego diário de pessoas naquele shopping, as estatísticas para cada sexo, a renda familiar média e outros fatores. Esta informação o ajudará a escolher em quais shoppings anunciar e os métodos a serem usados.

Escolhendo a Melhor Opção para Você

Como a publicidade interna oferece potencial para um período de interação maior com os consumidores, certifique-se de que a maneira pela qual está apresentando sua mensagem seja a mais eficaz possível.

Considere as seguintes questões:

- ✔ **Há algum estabelecimento ou lugar que é especialmente relevante para sua marca? Quais lugares podem ser diretamente associados com o seu produto ou serviço?**

- ✔ **Que formas de mídia despertaram o seu interesse no passado?**

- ✔ **Existe alguma marca ou estabelecimento que não seja sua competidora com a qual você possa fazer uma parceria ou à qual você gostaria de se associar?**

- ✔ **Há plataformas de mídia com as quais você não quer se associar?**

- ✔ **Por quanto tempo você quer que sua mensagem apareça?**

- ✔ **Que formas de propaganda estão dentro do seu orçamento?**

Produzindo Trabalhos de Arte Para Determinados Locais

Se tiver os recursos, tente produzir mídia que seja tão específica para aquele local quanto for possível. Defina precisamente algumas das circunstâncias existentes e suas metas. Onde você vai apresentar sua mensagem? Quem você quer que a veja? No final das contas, o que você quer que o anúncio os motive a fazer? Em que estado de espírito eles estarão quando virem o anúncio? Que tipo de tom você quer dar ao seu anúncio? Há alguma coisa única em relação ao estabelecimento (para o bem ou para o mal) com a qual você possa interagir?

Nos tópicos seguintes, oferecemos uma visão geral de algumas ideias a se cogitar ao criar uma campanha em ambientes fechados.

Considerando os seus arredores

Alguns anúncios e textos publicitários são mais adequados a certos tipos de mídia. Considerar o local ajudará a informar o tom do seu anúncio.

 Somos fãs do uso de humor sempre que possível. Existe algo de especial sobre o lugar onde você está posicionando o seu anúncio que possa ser relacionado à sua marca? Há alguma coisa a respeito do estabelecimento que seja famosa e com a qual você pode interagir ao apresentar sua marca? Tenha-a em mente durante este processo e isso o ajudará a seguir na direção certa.

Reconhecendo o seu alvo

Durante o processo de criação de anúncios e textos publicitários inteligentes e específicos ao local, tenha o seu alvo em mente. Ponha-se no lugar deles e isso ajudará a informar a que tipo de anúncio ou oferta eles responderão melhor.

Dependendo de qual local ou forma de mídia usar, você pode ter a oportunidade de usar mais texto publicitário ou uma mensagem mais complexa. Se este é o caso, seja esperto no modo que argumentará a favor de sua marca.

Ficando esperto

Alguns dos veículos de mídia que cobrimos neste capítulo (especificamente terminais de viagem e certas propagandas em cinemas) podem ter preços de tabela bastante pesados. Se isso ocorrer com parte da mídia que você quer usar, considere isso um desafio!

O seu desafio é descobrir outras maneiras de conseguir entrar. Talvez você possa produzir algo a um custo relativamente baixo que alivie um dos gastos do estabelecimento e, simultaneamente, transmita sua mensagem aos consumidores escolhidos.

Se estiver trabalhando com um orçamento apertado, mas apertado mesmo, e simplesmente não tiver os recursos, outra maneira de alavancar a percepção e a exposição no local é produzir cartões postais dobráveis. Muitos estabelecimentos locais como lanchonetes, barbearias, lavanderias e assim por diante os veem como valor agregado para os consumidores e a comunidade.

Capítulo 11

Usando e Introduzindo Novas Mídias

. . . .

Neste Capítulo

▶ Inovando ao seu modo, acima da média

▶ Dando novos rumos às mídias existentes

▶ Adequando sua mensagem rumo a novas oportunidades

▶ Tirando o máximo de proveito das novas mídias

. . . .

*N*este capítulo, ajudamos você a descobrir sua criatividade usando as abordagens mais recentes e incríveis para atingir os seus consumidores. Oferecemos as nossas próprias ideias para mantê-lo afiado e acima da média. A partir daí, passamos a um jogo de comparação para ver se o que você quer fazer se encaixa com o produto e a mensagem. Por fim, entramos no mundo das novas mídias e técnicas, e lhe dizemos como fazê-las funcionar. A criatividade tem os seus benefícios, e você deve estar apto a desfrutar de todos eles. Aqui mostramos como fazer isso.

Mantendo-se Competitivo Ficando Acima da Média

Por todo este livro, dissemos que ser um marqueteiro de guerrilha eficaz envolve aproximar-se, apresentar-se e conectar-se com consumidores de uma maneira inesperada e revigorante. Esta declaração ambiciosa é um belo desafio! Com todo mundo perseguindo a mesma meta, como fazer com que sua marca ou serviço se sobressaia? A resposta está na inovação.

O verdadeiro poder da inovação, está na ideia. Inventar uma maneira original de passar sua mensagem, ou simplesmente dar um toque engenhoso, é a chave para se descobrir uma inovação de marketing.

 Você não consegue criar nada de novo se não conhecer o que já foi feito. Quando estiver tentando adotar uma nova abordagem para divulgar o seu produto ou serviço, observe o seu segmento comercial e empresas relacionadas para ver dicas do que já funcionou. Pegue as campanhas dos concorrentes e analise o que o impressionou, o que foi OK, o que fracassou, e por quê. Então observe sua empresa. O fator de aderência das campanhas de marketing realmente depende das tentativas casarem com a marca ou não. Às vezes um negócio cria uma mensagem e a apresenta de uma maneira verdadeiramente engenhosa, mas a associação se perde ou não parece casar bem com a impressão dos consumidores sobre a marca. Eis aí uma oportunidade que você pode capitalizar, pegando a semente criativa, adaptando-a à sua marca ou produto e colhendo aqueles elogios que você bem merece.

Deixando Sua Marca com a Mídia Já Existente

Não queremos lhe dar conselhos contraditórios, mas, às vezes, não é preciso reinventar a roda — basta levar a coisa para uma direção completamente diferente. Frequentemente, as iniciativas de mídia não-tradicional causam a melhor impressão ao usar uma mídia já existente, vista como banal, e encontrar uma maneira engenhosa e enérgica de reutilizá-la.

A mídia está evoluindo constantemente para satisfazer a demanda do anunciante e o interesse volúvel do consumidor.

Observe a progressão de vida de algumas das principais formas já existentes de mídia para verificar a extensão desta evolução:

✔ **Impressos**:

- Infância: Jornais e revistas começam a publicar anúncios. O público fica impressionado, mas as imagens em preto e branco, com qualidade de retrato, ainda deixam muito a desejar.

- Adolescência: A tecnologia de impressão se aperfeiçoa, apresentando aos consumidores papel lustroso e brilhante; imagens nítidas e atraentes e páginas destacáveis e cartões que oferecem descontos e promoções.

- Maioridade: Imersão completa e absoluta na marca. Páginas perfumadas deleitam os sentidos, faixas com a marca abraçam o exterior da publicação, e embalagens de plástico adornadas com logotipos protegem a revista e o CD/DVD encartado como brinde.

✔ **Outdoors**:

- Infância: O outdoor básico ao largo da estrada retratando cores mínimas e mensagens básicas da marca.

- Adolescência: As cores se tornam mais vibrantes. Mensagens em um cilindro mudam para dar movimento às mensagens e torná-las chamativas.

- Maioridade: Telas de LCD capazes de exibir mensagem, clipes em vídeo, áudio concentrado específico ao consumidor e mensagens de celular por meio de tecnologia e raios infravermelhos.

✔ **Televisão:**

- Infância: A televisão é criada e os comerciais básicos em preto e branco são produzidos para lançar mercadorias.

- Adolescência: As telas crescem em tamanho, cor e clareza e são encontradas em lares, escritórios, escolas, academias, onde você imaginar. O alcance aumenta drasticamente.

- Maioridade: A mensagem se torna móvel. As telas agora estão aptas a compartilhar mensagens com os consumidores, serem empregadas em aquisições no local e darem um toque pessoal para as iniciativas de marketing na TV.

Tirando Proveito dos seus Arredores: Monopolizando Recursos Existentes

Atingir os seus consumidores de novas maneiras pode ser tão simples quanto inventariar as coisas que você já tem à sua disposição.

Seguem algumas coisas que você talvez tenha em seu estabelecimento e que poderiam receber sua marca para ajudar a espalhar sua mensagem:

- **Sacolas de compras:** Ponha sua marca em suas sacolas para causar impacto.

- **Equipe:** Se tiver empregados que interajam com o público, eles devem ostentar sua marca.

- **Propriedade:** O que você possui que pode receber sua marca? Uma parede livre? Um toldo?

- **Equipamento específico da área de atuação:** Se o seu negócio vende algo interessante ou utiliza equipamento específico, ponha sua marca nele e interaja.

- **Som:** Um sistema de som interno e música de espera no telefone podem representar mais uma oportunidade de entrar em contato de uma maneira empolgante.

- **Espaço vazio:** Após ter explorado as oportunidades disponíveis, investigue quais nunca haviam sido usadas para propaganda antes.

Não estamos dizendo para enlouquecer e pôr sua marca em cada centímetro de sua loja ou escritório. Estamos sugerindo que dê uma olhada à sua volta sob o ponto de vista de um guerrilheiro e veja o quê, se houver algo, você pode fazer para se sobressair em meio à competição e se conectar com os seus clientes.

Imaginando e Comunicando Sua Mensagem

No panorama em constante desenvolvimento das novas mídias, o ônus de inventar alguma forma nova, inesperada e excitante de divulgar sua marca é seu. Diferentes negócios lidaram com esta responsabilidade de diferentes maneiras. Tratamos de algumas destas maneiras nos tópicos seguintes.

 Não importa qual método escolha, certifique-se de passar por esta rápida lista de coisas que lhe ajudarão a transformar a mensagem e a mídia em realidade:

> ✔ **O que pode ajudar a dizer o que você quer?**

> ✔ **Os materiais para apresentar a nova mídia estão disponíveis?**

> ✔ **Isso é legalmente viável?**

Apelando às emoções

As pessoas se lembram de uma mensagem, imagem ou expressão se elas conseguirem relacioná-la com uma emoção. Logo, a questão ao imaginar sua mensagem se torna "que emoção você quer evocar, e como vai fazer para atingi-la?"

Ao criar uma nova forma de apresentar sua mensagem, você precisa identificar precisamente o que tem a dizer, a quem quer dizê-lo, e como quer que isso seja ouvido. Você precisa considerar:

> ✔ **Quem usa o seu produto?**

> ✔ **Onde estão as pessoas que usam o seu produto?**

> ✔ **O que você tem a dizer a eles e como pode atingi-los de uma maneira excepcional?**

A ideia é tola ou inapropriada? Talvez ser um pouco tolo e criar uma forma única de apresentar uma marca é exatamente o que precisa para fazer com que sua mensagem se sobressaia em um ambiente prolífico em marcas, todas gritando para receber a atenção do consumidor.

Voando abaixo do radar: Marketing invisível

O marketing e a propaganda invisíveis tomam muitas formas. Podem ser atrizes posicionadas em locais estratégicos, carregando sacolas de compras ostensivas e debatendo sobre uma nova marca que vai ser o próximo grande sucesso. Podem ser pacotes da companhia espalhados em torno de determinados locais, com um "entregador" comentando como ele tem estado ocupado com entregas desta marca ultimamente. A forma de marketing invisível que você usa é ditada pelo seu público e pela maneira pela qual você quer que sua marca seja notada.

O debate sobre marketing invisível está em andamento, até mesmo entre os autores deste livro. Há duas escolas de pensamento sobre isso: a primeira é de que esta plataforma — em qualquer permutação que assumir — é enganosa, desorientadora e um tanto repulsiva. A outra sugere que é simplesmente outra forma de mídia direcionada — se não causar problemas, tudo bem.

Em qualquer campo que você esteja, o marketing "invisível", como ele é comumente chamado, é fundamentalmente guerrilheiro. É direcionado, relativamente barato e é outra maneira de espalhar sua mensagem. Vale a pena notar, entretanto, que muitas organizações (tanto dentro quanto fora do ramo da publicidade) sentem-se desconfortáveis quanto a este método como meio de transmitir uma mensagem aos consumidores de forma profissional e ética.

O marketing invisível não tem o mesmo alcance que outras formas de mídia podem ter. E se ele sair pela culatra ou o seu disfarce for descoberto, as repercussões podem ser bem sérias. Por exemplo, se for revelado aos consumidores que você usa invisibilidade como forma de marketing, alguns deles podem sentir-se enganados ou traídos por uma marca em que eles poderiam de outra forma confiar ou sentir algum senso de lealdade.

Na cara: Criando mensagens que os consumidores não têm como não notar

Quando estiver tentando inventar métodos de apresentar sua marca, considere para onde os olhos das pessoas já estão voltados. Há alguma coisa única sobre o seu produto ou serviço que chame a atenção das pessoas?

Se você é proprietário de uma delicatessen com um display que chama o freguês de acordo com a senha, este dispositivo pode ser ideal para exibir sua marca ou algum texto publicitário divertido, como "o número 41 está experimentando os nossos cortes de frios". Quanto mais criativo puder ser, mais impacto sua mensagem terá.

Tocando uma variação do tema

Muitas companhias têm materiais de marketing e publicidade existentes que já são extremamente eficazes. Você pode pegar o que já funciona e apresentá-lo de uma maneira diferente.

Negócios locais muitas vezes têm jingles, personagens ou slogans que são imediatamente identificáveis com aquela companhia. Brinque com esta notoriedade regional ou nacional e apresente-a de uma nova maneira. Por exemplo, se já tiver um jingle grudento que ninguém consegue tirar da cabeça. Contrate um caminhão de sorvete para tocá-lo durante a ronda dele, no lugar da seleção normal de músicas.

Ver como algo pode funcionar de outra maneira pode ser uma solução divertida e eficaz de estender o alcance de recursos de marketing comprovados.

Criando um Anúncio

Para as mídias descritas neste capítulo, muitas vezes as agências ou vendedores vão ajudá-lo ou pedir que entregue sua arte em um formato específico, para que se ajuste ao modelo do método que você está pensando em produzir.

Quer você mesmo faça o trabalho, ou o deixe por conta do vendedor, evite texto com letras pequenas e muitas cores escuras. Dependendo da mídia, você só tem uma olhadela

para causar impacto — certifique-se de que vai tirar o máximo proveito da exposição.

Confie nos seus instintos. Se não estiver 100% satisfeito com o produto final, refine-o até ficar feliz.

Definindo sua visão

O coeficiente de saturação para muitos dos formatos de mídia neste capítulo pode ser bem alto, dependendo do mercado — os consumidores estão sendo bombardeados com anúncios, e você quer que o seu se destaque.

O que você quer que os seus consumidores façam depois de verem o seu anúncio? Após ter identificado a meta, pense sobre como vai comunicá-la de uma forma empolgante. Você vai "provocar" o consumidor quanto a um produto a ser revelado em uma data futura? Chocá-los? Fazê-los rir? Apelar para certa suscetibilidade? Seja tão engenhoso quanto sua marca permitir — é a única maneira de se sobressair.

Trabalhando com designers

Se não tiver olho para *design*, você precisa entrar em contato com um *designer* gráfico. Ele pode ajudar a dispor uma imagem ou mensagem, esclarecer suas ideias criativas e então formatar tudo para satisfazer os requerimentos específicos de sua opção de mídia.

Peça por atualizações constantes quanto ao progresso do trabalho, de forma que se o seu designer se distanciar de sua mensagem, você não fique preso a um anúncio que odeia quando a data de entrega chegar. Manter um fluxo de opiniões construtivas vai assegurar uma obra de arte fora de série, produzida com custo eficaz e de maneira oportuna.

Com o design pronto, reúna e guarde arquivos eletrônicos, fontes e modelos utilizados. Com isso, você toma conta de sua marca e guarda a informação necessária para produzir designs futuros consistentes.

Às vezes, usar uma agência de mídia pode sair caro. Em vez disso, faça um pouco de pesquisa e veja se consegue encontrar um freelancer ou estudante de design que faça o trabalho por menos (ou de graça) para ajudar a estabelecer o portfólio dele. Certifique-se de obter algumas amostras do trabalho daquela pessoa antecipadamente, porém — só para ter certeza de que você ficará feliz com os resultados.

Descobrindo a Melhor Localização

Às vezes, a localização é completamente apropriada e direcionada para atingir o seu público-alvo onde você sabe que eles estarão. Em outras, tem a ver com selecionar um estabelecimento que nunca tenha sido explorado antes, com apenas um propósito: conseguir alguma manchete.

Pontocom, Oregon

Em 1999, uma companhia pontocom estava pensando em aumentar a percepção do consumidor em relação ao seu serviço. Como a companhia atingiu esta meta? Comprando o nome de uma cidade, é claro. Isso mesmo: pelo preço de $100.000 e 20 novos computadores escolares, a cidade de Halfway, Oregon, foi renomeada Half.com, Oregon, por um ano. A jogada se provou mutuamente benéfica. A Half.com era nome de uma cidade e conseguiu muita exposição e cobertura da mídia, enquanto o pequeno lugarejo acabou com novos computadores e dinheiro nos cofres municipais.

 A chave para conseguir algum retorno da imprensa é transmitir sua mensagem de uma forma ou em um local que passe longe de qualquer coisa já feita antes. Às vezes, o local onde se apresenta a mensagem é a própria inovação.

 O dinheiro compra tudo — e isto é especialmente evidente quando se trata de mensagem de produto. Ao longo dos últimos anos, vimos a atribuição de marca tomar vida própria. Apesar de querermos continuar com a crença guerrilheira de que qualquer coisa é possível, as línguas um tanto mais cínicas poderiam dizer que é mais apropriado entoar que qualquer coisa está à venda (para ler mais sobre como o dinheiro compra tudo, confira o quadro lateral "Pontocom, Oregon").

Obtendo Exposição ao Inventar Novas Mídias

A mídia precisa compartilhar algo excitante com os seus espectadores ou leitores; algo que eles nunca tenham ouvido falar antes.

Este algo novo e excitante pode justamente ser sua nova forma de mídia. A essência da nova mídia é produzir maneiras eficazes e interessantes de aumentar a exposição de sua marca aos consumidores. Por exemplo, estudantes universitários britânicos venderam espaço publicitário em suas testas por uma taxa de cerca de três dólares a hora.

Contanto que seja consensual, não há nada de errado com a maior difusão e criatividade da propaganda — especialmente quando recompensada por exposição na mídia que possa favorecer positivamente o produto ou imagem da companhia.

Embora propaganda mais "truqueira" seja certamente divertida de se ver, ler e falar sobre, ande com cuidado ao optar por este caminho. Ferramentas espalhafatosas podem atrair a imprensa, mas você pode acabar descobrindo que é o método, e não a mensagem, que recebe a cobertura. Alguém vai se lembrar de quem ou o quê foi anunciado em testas? Além disso, embora novas ideias gerem interesse, pode haver uma reação adversa. E se esta nova plataforma for considerada ofensiva? É assim que você quer que o seu produto seja visto?

Tome o tempo necessário para se certificar de que, se for atrás de alguma coisa amalucada, os outros adjetivos sobre você e suas iniciativas sejam legais também.

Criando oportunidades de exposição

Você criou uma nova forma de mídia. Talvez esteja tirando proveito de algo típico do seu negócio. Ou talvez seja algo tão doido de pedra que você sabe que há alguém, em algum lugar, que precisa saber sobre sua plataforma. Como você pode ensinar sua inovação para outros negócios e em retorno lucrar com isto?

✔ Permita que marcas que não competem com você testem a plataforma de graça (ou muito barato). Você tem que dar um impulso de alguma forma. Por que não tentar deixar que uma marca não concorrente teste isso a preço de custo ou de graça? Se não há despesas gerais para produzir a mídia, deixe-as experimentar a plataforma por conta da casa. Ao fazê-lo, você pode arranjar um cliente fiel. Ou, no mínimo, pode encontrar um cliente que você pode dizer que testou a mídia ou fez parceria com você.

✔ Divulgue sua nova mídia em publicações comerciais e e-mails em massa. As pessoas falam. Espalhe a notícia para as pessoas que possam estar interessadas em sua plataforma. Procure pelas fontes comerciais — anuncie em classificados ou veja se consegue convencer a publicação comercial do seu setor a fazer um artigo sobre os seus esforços. Por fim, mande um e-mail em massa para que as pessoas saibam o que você criou!

Protegendo Sua Inovação

Inspiração não é algo que vem fácil, logo, quando produzir algo verdadeiramente diferente, verdadeiramente excepcional, você precisa proteger sua posição de criador em termos legais e comerciais. Veja como fazê-lo:

✔ **Consulte o escritório de patentes para ver se a ideia já existe.** Você pode encontrar mais informações no site do Instituto Nacional da Propriedade Industrial (`http://www.inpi.gov.br`), telefone (21) 2139-3000.

✔ **Se tiver um nome para sua mídia, registre-o como marca comercial.** Você pode descobrir mais sobre marcas comerciais em `www.inpi.gov.br`.

✔ **Contrate um advogado de patentes para proteger sua posição no caso de conflitos futuros.**

✔ **Adquira um endereço web relevante.** Você pode registrar um nome de domínio (por exemplo, `paraleigos.com.br` é o nome de domínio para o site da Para Leigos) a um custo baixo.

> Pode ser que não o use logo de cara, mas registrar o nome ajuda a proteger sua posição no mercado e garante que ninguém mais pegue o seu nome primeiro.

Parabéns! Agora você é o feliz proprietário de uma mídia novinha em folha. Será que ela vai ser bem-sucedida no mercado? Não tenha medo de promover e devotar recursos (como tempo e dinheiro) a esta nova mídia. Use as táticas de guerrilha descritas neste livro (como a infiltração online do Capítulo 13) tanto quanto possível para divulgar este produto em veículos relevantes. Nos estágios iniciais, olhe para os recursos à sua volta para espalhar a notícia em primeiro lugar e siga a partir daí de acordo com a demanda.

Se tiver sorte, você criou uma forma de mídia que as pessoas querem usar. Esta é a boa notícia. A má notícia, se é que há alguma, é que você precisa abrir caminho e se apressar para vender sua inovação.

A primeira e melhor maneira de se fazer isto é criar um folheto de vendas, também conhecido como panfleto ou prospecto. Um folheto de vendas (como o representado na Figura 11-1) geralmente é uma página singular em que você expõe a mídia, os benefícios, os preços e quaisquer itens importantes, como prazos para entrega da arte final e formatos dos arquivos. Este esboço não precisa ter todos os pequenos detalhes. O propósito real do folheto é iniciar a conversação e dar aos clientes em potencial o básico para que eles saibam o que envolve contratar os seus serviços.

 Se os clientes em potencial lhe perguntarem se as tarifas descritas no seu folheto de vendas são brutas ou líquidas, a resposta é: todas as tarifas são líquidas. Isto significa que, se uma agência comprar mídia no nome de um cliente dela, você não pagará a ela nenhuma comissão além do preço listado — o preço que eles veem é o preço que pagarão (uma tarifa bruta, por outro lado, significa que uma estrutura de comissão foi incluída no preço total em troca da agência vir até você para usar esta mídia). Honestamente, tarifas brutas são uma dor de cabeça que você não vai querer ter.

Serviço de Mensageiros do Marty

Figura   Figura 2   Figura 3

Mensageiro de Bicicleta "Publicidade Antenada"
Carta de Tarifas da Cidade de Nova York
Validade: 1º de janeiro de 2008 a Março de 2008

Benefícios da "Publicidade Antenada"

- Acesso direto aos consumidores que vivem e trabalham na área comercial da cidade
- Oportunidade de pôr o logotipo da sua marca na altura dos olhos
- As bicicletas com bandeiras operam diariamente das 9 da manhã às 6 da tarde e, em média, fazem campanhas de, no mínimo, 50 corridas por dia
- Os custos incluem produção, instalação e manutenção das bandeiras

Programa de Teste

- (5) Bicicletas com bandeiras
- (5) Dias por semana
- (4) Semanas
- Checking fotográfico da arte finalizada e das bicicletas em movimento

Custo do Programa de Teste: $2.500

Observações:

- A arte das bandeiras deve ser fornecida em CD até no máximo uma semana antes da campanha
- O vendedor reserva o direito de aprovar toda a arte e todos os logotipos usados na campanha
- Todas as tarifas são líquidas

Para mais informações sobre "Publicidade Antenada" ou perguntar sobre as taxas dos serviços de mensageiro, sinta-se à vontade para contatar-nos:

Telefone: 1-800-555-1212
E-mail: info@martymessenger.com
Web: martymessenger.com

Figura 11-1:
Um folheto de vendas abre o diálogo entre você e os seus clientes

Parte IV
Levando para Casa: Da Rua para o Seu Site

por Rich Tennant

Tudo bem, talvez a internet não tenha sido o melhor lugar para anunciar um produto que ajuda pessoas analfabetas em informática.

Nesta parte...

A *World Wide Web*, a Superestrada da Informação, a internet talvez seja a melhor oportunidade disponível para pôr sua mensagem na frente da faixa demográfica escolhida.

Estudos dizem que jovens de 18 a 24 anos, normalmente, ficam cada vez mais tempo navegando na Rede. São horas preciosas em que você não será capaz de atingir estes consumidores na rua, no cinema ou em qualquer outro lugar que escolheu para se relacionar com eles fora de suas casas.

Em vez de se frustrar com o isolamento caseiro de sua faixa demográfica alvo, você pode capitalizar este conhecimento. Nesta parte do livro, o ajudamos a integrar-se às redes sociais, manipular micro sites com maestria e realizar empolgantes competições do tipo "entre para ganhar".

Capítulo 12

Métodos Diferentes de Loucuras Online

● ●

Neste Capítulo

▶ Criando uma presença dinâmica na web

▶ Destacando o seu site nas ferramentas de busca

▶ Agindo furtivamente com a infiltração online

▶ Comprando espaço para *banners* e outros tipos de publicidade online

● ●

O incrível potencial da Internet proporciona às companhias de todos os tamanhos oportunidades ilimitadas de criar planos de marketing que funcionem perfeitamente, desde uma equipe de rua até proezas publicitárias e ciberespaço — sem perder nada.

Neste capítulo, começamos analisando como você pode direcionar melhor as pessoas ao seu site como resultado de iniciativas nas ruas. Após ter plantado a semente, contamos como otimizar o seu site para transformá-lo na primeira opção na web quando se trata do seu produto ou serviço. Então, examinamos a infiltração online no intuito de ver se ela funciona para você e para sua marca. Por fim, clicamos nos anúncios na forma de banners e vemos como eles podem ajudá-lo a promover sua marca.

Incluindo um Apelo à Ação Eficaz

A maneira mais eficaz de obter o que se quer é por meio de um apelo à ação direta (uma solicitação feita por uma marca para que o consumidor participe de uma maneira ou de outra). Os apelos à ação mais efetivos recompensam o consumidor de alguma maneira.

Para bolar um apelo à ação online bem-sucedido, lembre-se da AIDA:

- ✔ **Atenção.**
- ✔ **Interesse.**
- ✔ **Desejo.**
- ✔ **Ação.**

Quando estas etapas são implantadas em um site bem planejado, elas permitem que você converta tráfego web de prováveis consumidores em clientes efetivos.

Digamos que esteja começando um serviço novo, mas não tem a base de dados de clientes para comercializá-lo. Como você obtém tal base de dados? Uma maneira é criar um apelo à ação que simplesmente tente fazer com que os consumidores se registrem e forneçam os seus endereços de e-mail no seu site. Eis como:

- ✔ **Atenção:** Faça telefonemas, mande e-mails e distribua cartões postais a quaisquer pessoas eventualmente interessadas, e peça-lhes que confiram o seu site.

- ✔ **Interesse:** Publique no seu site imagens de uma pequena amostra de suas criações mais excitantes.

- ✔ **Desejo:** Crie uma edição especial limitada de seu produto e ofereça um brinde a um estimado cliente selecionado aleatoriamente em sua mala direta.

- ✔ **Ação:** Ao simplesmente fornecer os endereços de e-mail deles no seu site, os consumidores participam para ganhar sua própria criação personalizada e você obtém uma base de dados de e-mails.

 Você não pode passar a mão nas informações de contato das pessoas para enviar-lhes atualizações suplementares a não ser que dê a elas a oportunidade de optar pelo não recebimento.

 Não importa o objetivo do seu apelo à ação, lembre-se de que uma página projetada com esperteza e de fácil navegação são fatores essenciais para ajudar os visitantes a responder ao apelo. Evite frustrar os seus consumidores, mantenha a coisa simples.

Para evitar que perca clientes em potencial, peça apenas os dados imprescindíveis.

O poder do gratuito

Chegue mais! Nós vamos inteirá-lo do segredo mais mal guardado do mundo do marketing: a palavra de maior sucesso no setor é a palavra grátis. Nada aguça os ouvidos de um consumidor e dilata os seus olhos tanto quanto aquela pequena joia de palavra.

Pense no que você pode oferecer livre de despesas. É o envio gratuito? Uma atualização de graça? Uma caneca de viagem gratuita? O que quer que seja, não desconsidere o apelo. Amostras grátis aparentemente insignificantes podem ser justamente aquele algo a mais, necessário para pesar a balança a seu favor.

No mundo das experiências personalizadas aos consumidores, todos querem se sentir como se um produto ou serviço fosse feito sob medida para eles. Se você tem um site mais sofisticado e baseado em bancos de dados onde estão armazenados detalhes sobre os seus clientes online, use esta informação para suprir suas mercadorias de acordo com o freguês. Deixando o poder do gratuito de lado, lembre-se de que o interessante e vantajoso para alguém varia de acordo com a faixa demográfica e a região. Certifique-se de que a forma como você se apresenta no site, o que você dá de brinde e todos os outros aspectos do seu site correspondam à imagem de sua marca e aos gostos dos seus clientes.

Espalhando Sua Mensagem Através de Diversos Métodos

Quer use as táticas de guerrilha descritas neste livro ou opte por métodos mais tradicionais, você precisa entrelaçar suas iniciativas online em qualquer mix de mídia estratégica que criar.

Uma campanha assim estruturada aumenta a probabilidade de que o seu público-alvo fique a par de sua existência antes mesmo de ir ao seu site, onde eles podem aprender mais sobre o seu produto ou até mesmo comprá-lo.

O custo da abordagem de cruzamento de plataformas pode rapidamente ficar caro, logo, você precisa selecionar as mídias que irão atingir o seu público e, ao mesmo tempo, permitir que você tire o máximo proveito do seu orçamento de marketing.

Fazer com que as pessoas participem do seu site

Um dos pontos-chave para habilitar a maior quantidade possível de participação de qualidade é manter suas páginas limpas, logicamente organizadas e simples de se navegar. Eis algumas orientações básicas:

- Ponha as seções de navegação em barras horizontais ou verticais, em lugares onde as pessoas esperam vê-las.

- Tente obedecer à regra dos cinco: não tenha mais do que cinco botões de navegação ou links no mesmo local.

- Deixe espaços em branco em suas páginas. A aglomeração faz com que os visitantes cliquem para sair.

- Evite fundos pretos. Texto em branco sobre fundo preto é difícil de ler.

- Mantenha todos os elementos principais de navegação, apelos à ação e opções de compra na mesma posição relativa em todas as páginas.

- Certifique-se de que suas páginas carreguem rapidamente.

- Fotos e ilustrações são ótimas, mas possibilite a opção de visualizar seus produtos em tamanhos maiores e de ângulos diferentes.

- Se os consumidores estão fazendo compras em seu site, deixe as informações de pagamento para o final do processo de aquisição.

Nada repele os consumidores mais do que uma página inicial amadora ou, pior ainda, ilegal. Se não acha que tem as habilidades necessárias para criar algo do qual se orgulhe, pode ser uma boa ideia contratar um *Web designer* profissional. Porém, lembre-se de comunicar ao seu designer não apenas o que você quer, mas também o que você não quer.

Otimizando o Seu Site para Ferramentas de Busca

Antes de mais nada, você precisa entender o que diabos é a otimização para ferramentas de busca, quem a faz, e o que fazer para que ela funcione para você. É disso que tratamos neste tópico.

Entendendo o que é a otimização para ferramentas de busca

Otimização para ferramentas de busca (no inglês, "*search engine optimization*" ou SEO) é a técnica para estruturar e situar sites de tal maneira que as ferramentas de busca os classifiquem no topo de seus resultados.

De início simples, constituindo-se de palavras-chave relacionadas diretamente ao objeto de busca, estas ferramentas agora implementam algoritmos aprimorados de classificação (recursos técnicos usados pelas ferramentas de busca para explorar efetivamente o conteúdo da página e classificar sua relevância, a fim de oferecer a informação mais pertinente em resposta às solicitações do usuário).

Embora estes algoritmos ainda estejam buscando por aquelas palavras-chave, as coisas ficaram um pouco mais difíceis. Hoje em dia, os algoritmos são bem mais engenhosos ao examinarem páginas, explorando a aparência e o contexto das palavras-chave e extraindo as ervas daninhas que servem apenas para distraí-los — tudo em um esforço para dar a resposta mais precisa ao usuário.

Sabendo quando pedir ajuda

O processo de otimizar um site está mudando constantemente a fim de acompanhar os desenvolvimentos em tecnologia de busca na internet. Nos dias de hoje, as ferramentas de busca lutam para apresentar aos usuários os melhores, mais rápidos e precisos resultados. Como este campo de batalha muda diariamente, os guardiões da otimização para ferramentas de busca são profissionais de SEO que rastreiam as tendências a fim de pôr os seus clientes na frente das pessoas que os procuram.

Se estiver interessado em maximizar sua presença na web, considere contratar ajuda profissional.

A SEO se tornou uma indústria complexa por si mesma, com suas próprias feiras comerciais, manuais, companhias de SEO e divisões dentro de grandes corporações. E como a classificação de um site em uma ferramenta de busca pode significar milhões de dólares em negócios para a maioria das companhias, a SEO se tornou algo que o mundo passou a levar muito a sério — o que põe este serviço sob alta demanda.

Se decidir procurar a ajuda de um especialista em SEO, há uma notícia boa e uma má. A boa é que ao investir neste serviço, você ganha uma pessoa dedicada trabalhando para fazer o seu site pipocar sempre que as pessoas procurarem por algo no seu setor. A má, é que todo desenvolvedor web no planeta dirá que consegue "otimizar" o seu site, e nem todos eles conseguem.

Seja exigente a respeito de quem contrata para fazer SEO e deixe suas metas claras e razoáveis, de forma que ele entenda completamente o que você espera do serviço.

Entre as expectativas razoáveis, pode-se incluir um aumento no tráfego do site; ser capaz de ver de onde este aumento está vindo; e classificações mais altas entre as palavras-chave de busca relativas ao seu setor.

Bons especialistas em SEO são raros e dedicados — e eles não saem barato. Se estiver procurando por um especialista em SEO, comece com o seu web designer. Ele provavelmente dirá que pode ajudar — e alguns web designers podem realmente ser capazes. Mas peça por análises de casos e exemplos, de forma que você se sinta confortável e confiante de que ele está familiarizado com o que fazer para estabelecê-lo. Se você se sentir receoso quanto a usar a mesma pessoa para o seu design e sua SEO, peça ajuda a colegas que possam estar aptos a colocá-lo na direção certa.

Maximizando sua visibilidade sozinho

As ferramentas de busca estão procurando por uma coisa essencial quando sondam sua página: palavras-chave. Palavras-chave são palavras indicativas que dão palpites às ferramentas de busca quanto ao conteúdo de um site.

 Faça uma lista de palavras-chave que o seu público-alvo pode usar para encontrar o seu site. Você pode fazer com o que o seu web designer adicione uma *tag* de palavra-chave ao código do seu site que liste todas as palavras-chave que conseguir imaginar (mesmo que o seu não seja versado em SEO, ele saberá como fazê-lo). Além disso, adicione a maior quantidade de palavras indicativas possível no seu site.

Outra maneira de se destacar para a ferramentas de busca é atualizar o seu site regularmente. Quando os consumidores navegam na web, eles procuram pelas melhores e mais recentes informações. As ferramentas de busca sabem disso, logo, elas fazem o seu melhor para oferecer aos usuários o que eles querem: informações novas.

 Eis duas coisas que você pode fazer para manter seu site atualizado:

> ✔ **Publicar comunicados à imprensa regulares.** Para saber mais sobre comunicados à imprensa, confira o Capítulo 16.
>
> ✔ **Crie um blog.** Um blog é uma ótima maneira de produzir atualizações semanais (ou até mesmo diárias) sobre sua companhia ou o setor em geral.

Um dos grandes benefícios da internet, tanto em uma perspectiva pessoal quanto de marketing, é a maneira como ela interliga pessoas do mundo todo. Você pode aumentar vantagem ao criar oportunidades para os consumidores participarem do seu site. Por exemplo, você pode oferecer:

✔ **Uma chance dos consumidores comentarem nos seus blogs e outros conteúdos.** Se estiver oferecendo um blog, certifique-se de que ele permite comentários. Mesmo que nem todos os comentários sejam positivos, pode ser uma maneira muito eficaz de manter-se em contato direto com os seus consumidores, e as ferramentas de busca podem reparar.

✔ **Salas de bate-papo e fóruns.** Ao proporcionar uma sala de bate-papo ou fórum, você está também produzindo informação corrente para o seu site. As ferramentas de busca irão assimilar este fato.

✔ **Oportunidades para envio de fotos e vídeos.** Dependendo do seu negócio, dar ao consumidor a oportunidade de contribuir com fotos ou vídeos relevantes proporciona alguma coisa adicional para que as ferramentas de busca apanhem.

Outra maneira de obter alguns cliques com as ferramentas de busca é cogitar o marketing de ferramentas de busca ou inclusão paga. A prática oferecida por algumas ferramentas de busca lhe permite ter o seu site listado na ferramenta de forma que apareça quando os usuários buscam por palavras-chave específicas. Este recurso pode ter um preço acessível e ser uma maneira fácil e impactante de ajudar suas iniciativas já existentes.

Considerando a Infiltração Online

Infiltração online é a publicação de resenhas positivas ou endossos a um produto ou serviço (ou a denúncia de rivais) com o propósito de promover o seu próprio produto ou marca.

Você pode fazê-lo em seu próprio blog, ou pode ir a lojas e blogs que sejam relacionados ao seu produto e fazê-lo por lá. De qualquer maneira, é mais uma forma de argumentar a favor do que você está oferecendo aos consumidores.

Entretanto, será que você deveria participar das discussões para ajudar a promover sua companhia ou produto? E se for o caso, o quão publicamente ou veladamente você deveria participar? Ninguém conhece sua companhia ou marca melhor do que você mesmo. Apresentar-se por meio de infiltração online é algo que irá afetar positivamente a imagem de sua companhia? Algumas pessoas evitam a infiltração online de forma veemente. Outras, que não têm problemas quanto a usá-la, observaram um aumento repentino no seu tráfego web e no interesse geral em seus produtos ao participarem das conversas online.

 Siga este caminho com muita cautela. As pessoas leem e participam em fóruns de discussão online porque eles proporcionam uma oportunidade para discussões abertas e francas — os usuários valorizam este ambiente com uma lealdade um tanto sagrada. Os participantes são bastante sensíveis a quaisquer mensagens que eles considerem promoção não solicitada (conhecida como spam).

Chegando ao centro da questão

Nós gostamos de ver estes fóruns online, salas de bate-papo e sites como um grande clube social onde todo mundo tem uma opinião. Algumas das opiniões são válidas e úteis; outras, nem tanto. De qualquer maneira, muitos consumidores e profissionais de setores vão a sites de discussão sobre um tópico para obter uma visão geral "imparcial" do panorama daquele mercado. Para um guerrilheiro empreendedor, a chance de participar deste diálogo entre consumidores cria uma oportunidade única de engajar os seus consumidores — e talvez direcionar alguns negócios para si mesmo no processo.

 Embora entrar secretamente em salas de bate-papo seja uma opção, a nossa crença é de que a melhor abordagem é apresentar-se aberta e honestamente. A razão pela qual dizemos isso é simples: ninguém gosta de descobrir mentiras.

 Ao proporcionar informação de qualidade de forma prudente, você pode começar a ganhar uma reputação de sinceridade e honestidade, aumentando o seu grau de influência.

Eis como usar os fóruns de Internet a seu favor, e ainda assim ser capaz de ter respeito próprio na manhã seguinte:

- ✔ **Encontre os fóruns que são diretamente apropriados ao seu setor.**

- ✔ **Participe das discussões por algum tempo antes de dizer qualquer coisa positiva sobre sua companhia ou produto.**

- ✔ **Ofereça informação somente quando for apropriado para a discussão em curso no fórum naquele momento.**

- ✔ **Analise as reações para ver se as pessoas nos fóruns de Internet aprovam mensagens promocionais de fontes legítimas, desde que estas se identifiquem.**

- ✔ **Quando estiver pronto para publicar algo relevante à discussão, seja honesto e revele completamente sua identidade.**

Quando você conhece um grupo novo de pessoas, provavelmente não inicia a conversa dizendo o quão maravilhosamente inteligente e atraente você é. Quando estiver participando de salas de bate-papo online, você deve ter a mesma noção de respeito pelos convidados. Comece devagar e ache o seu espaço gradualmente.

Mirando nos sites de maior impacto

A maioria das companhias tem sites comerciais oficiais. Especialmente se eles tiverem fóruns de discussão consagrados e movimentados, coloque estes sites no topo de sua lista de infiltração, porque tais pessoas são as mais predispostas a agir de acordo com a mensagem que você irá transmitir.

Além dos sites mais institucionais, você vai querer se expandir. Existem sites operados independentemente relacionados ao seu setor e que possuem um grande número de seguidores? Muitas vezes, estes sites ganham mais respeito dos consumidores porque, ao contrário daqueles, não estão sendo monitorados ou censurados por um web master. Em geral, este ambiente irrestrito permite aos consumidores receberem opiniões imparciais.

Para encontrar sites que têm um grande número de seguidores, você pode usar a Barra de Ferramentas gratuita do Google (http://toolbar.google.com), que tem uma seção de Page Rank (Classificação de Página) e lhe permite saber o quão popular é um site.

Atingindo as pessoas influentes

 Para atingir as pessoas influentes no mundo online, comece pesquisando os especialistas respeitados em seu ramo. Há boas chances de que, no curso do seu trabalho e esforços de construção de uma rede de contatos, você conheça quem são os líderes de pensamento e pessoas influentes em sua área. Comece com eles. Mais uma vez, marque os sites a serem visitados de acordo com as pessoas influentes a quem você tem acesso imediato. Blogueiros muito lidos e contatos de negócios com os quais você está familiarizado são lugares ótimos para se começar, e então, siga a partir daí.

Após identificar com quem você quer entrar em contato, você pode começar sua conversa online simplesmente se apresentando e explicando porque você está entrando em contato. Uma vez que tenha feito contato, você pode querer iniciar um diálogo aberto (que outros possam ver) nas salas de bate-papo e blogs deles. Esta pode ser uma forma bastante eficaz de se colocar no mercado e, por fim, posicionar o seu produto.

Evitando a fúria dos internautas

Existe algo a respeito do anonimato de sentar-se em frente a um computador e usar um apelido online que pode trazer à tona o que há de pior nas pessoas. Como elas sabem que, geralmente, não sofrerão qualquer consequência, podem lhe atacar publicamente de forma ofensiva e desagradável.

 Se expressar suas opiniões e informações de forma honesta, objetiva e notável, provavelmente você não terá nada com o que se preocupar. Ainda assim, mesmo que siga as regras, você pode ser apresentado a este tipo de abuso.

O ponto principal é que, às vezes, as pessoas podem simplesmente ser estúpidas e alguns fóruns meio que encorajam ou cultivam um ambiente que se presta a tiroteios infantis e mesquinhos. É por isso que passar um tempo lendo um fórum de Internet antes de postar algo é uma boa ideia.

 Caso você seja uma vítima de tais ataques, não faça nada, nem mesmo tente se defender. Simplesmente bata em retirada de forma cortês.

Empunhando a Bandeira no Alto: Comprando Banners

Qualquer um que já tenha ido a um site comercial sabe que há uma coisa que é garantida: sim, haverá anúncios na forma de banners. Anúncios em banners são seções exclusivas de uma página web designadas como espaço de propaganda. Por que estes anúncios são tão proeminentes? Porque eles são mutuamente benéficos a todas as partes envolvidas. Para os proprietários dos sites, eles podem gerar receitas substanciais (dependendo do site). Para o anunciante, eles apresentam uma mensagem de uma maneira excepcionalmente direcionada e, ocasionalmente, interativa.

Existem espaços para banners de diversos tamanhos, com uma variedade de opções diferentes. No final das contas, suas decisões devem depender do seu orçamento, das metas de seu programa, e de quantos possíveis consumidores quer alcançar.

Selecionando os sites onde anunciar

Esta é uma atividade que pode ser cansativa. Existem agências de compra de mídia cuja única função é ir lá fora para identificar e assegurar os melhores locais para os seus clientes. Dependendo do seu negócio, você pode estar apto a assumir estas responsabilidades de pesquisa sozinho.

 Você provavelmente vai querer chamar a atenção de tantos clientes reais em potencial quanto for possível ao comprar um anúncio. Há grandes chances de que quaisquer sites que visite relacionados ao seu negócio sejam os mesmos que os seus melhores clientes em potencial estão frequentando — logo, estes sites são um lugar perfeito para começar.

Além disso, ponha as ferramentas de busca para trabalhar por você. Prepare uma lista de palavras-chave que você acha que seus consumidores em potencial usarão quando estiverem pensando em comprar produtos semelhantes aos seus. Faça suas próprias pesquisas com elas e tome nota de todos os resultados principais que obtiver. Então, visite os sites que surgiram e tente ter uma noção da quantidade de tráfego que cada um deles recebe.

 Como se descobre o tráfego de um site? O recurso de Page Rank da Barra de Ferramentas do Google (`http://toolbar.google.com`) é um bom local para se começar. Você pode baixar a Barra de Ferramentas gratuitamente, e ela lhe dirá como cada página de um site está classificada.

Sabendo quando comprar e quando permutar

Para tirar o máximo proveito do seu dinheiro, procure pelo alcance com a maior relação custo-benefício. Para publicidade na internet, o alcance geralmente é expresso em custo por milhar (CPM; confira o Capítulo 2).

A internet acrescenta uma característica especial às taxas de CPM, entretanto. Muitos anúncios em banners de sites estão disponíveis para compra usando a mesma fórmula, mas alguns sites oferecem uma opção ainda melhor em termos de custo-benefício: custo por clique (CPC). Com custo por clique, você só paga pelos visitantes do site que realmente clicarem no seu banner — e, presumivelmente, visitarem o seu site.

 Embora nem todos os sites ofereçam tabela de preços com CPC, sempre que a opção estiver disponível, use-a — é a melhor maneira de medir o valor do seu banner em qualquer site em particular.

 Considere a troca de banners no seu site pela presença no site de outra pessoa. Essa é mais uma oportunidade de pôr a imagem de sua marca na frente dos olhos do seu público-alvo.

 Quer você esteja comprando ou trocando banners, analisar o tráfego do seu site o ajudará a tomar decisões inteligentes e bem informadas quanto a compras futuras de anúncios ou acordos de permuta.

Capítulo 13

Criando Sua Presença Online

• •

Neste Capítulo

▶ Produzindo um site de impacto

▶ Criando sites para campanhas específicas

▶ Fazendo o seu nome na web

▶ Adicionando características avançadas

• •

Atualmente, há uma tendência importante: as pessoas julgam negócios pelos seus sites. Seja isso justo ou não, montar o seu site é tão importante (senão mais importante) quanto montar a fachada de sua loja.

Neste capítulo, olhamos para as maneiras pelas quais você pode desenvolver o seu site de forma que ele faça com que as pessoas queiram voltar para ver mais.

Projetar um site é um tópico que merece diversos livros próprios, e não temos o espaço necessário aqui para cobrir todos os detalhes mais intrincados. Trataremos, porém, dos aspectos que dizem respeito ao marketing, em geral e específico. Se estiver procurando por ainda mais informações sobre o design de um site, vá até `www.altabooks.com.br` e faça uma busca por web sites. Em especial, recomendamos *Construindo Web Sites Para Leigos*, tradução da 3ª Edição, por David A. Crowder, publicado pela Alta Books.

Estabelecendo as Metas do Seu Site

Você pode ser o estabelecimento mais antigo e respeitado em todo o seu setor, mas se o seu negócio não tiver um site, na prática você não existe.

O seu site não é somente um lugar bacana de publicar fotos suas ao lado da maior versão disponível do que quer que você crie — ele pode, e deve, ser usado como ferramenta de marketing para gerar interesse, informar os consumidores sobre o seu produto e talvez até mesmo para dar aos consumidores a chance de comprar o seu produto online.

O primeiro passo rumo ao máximo proveito do seu site é ter uma conversa franca com você mesmo e se perguntar: "O que eu quero que o site faça por mim?". Ser honesto sobre o que você quer obter vai ajudar a estabelecer as características que precisa incluir.

Eis alguns dos layouts mais comuns que, quando executados de forma apropriada, podem suprir necessidades online básicas:

- ✔ **Desenvolvimento básico:** Se os seus clientes precisam simplesmente ver quem você é e o que você faz, um site limpo e graficamente agradável, com um pequeno panfleto online, pode dar conta do recado.

- ✔ **Desenvolvimento intermediário:** Caso você queira um site mais sofisticado, mas simplesmente não tem o orçamento necessário, pode apresentar o seu produto da melhor maneira possível e adicionar um link de direcionamento dos consumidores a um site de pagamentos ou de vendas online quando eles estiverem prontos para comprar.

- ✔ **Desenvolvimento de comércio eletrônico de luxo:** Você pode querer gastar um monte de dinheiro com o seu web design, focar nas vendas, e criar um site sofisticado de comércio eletrônico. Embora este tipo de site seja significativamente mais caro (e complexo) do que as outras alternativas, proporciona aos usuários uma operação fácil, conjugando vendas e atendimento de pedidos.

Produza conteúdo para o seu site de modo a torná-lo tão agitado, informativo, atraente e interativo que os seus consumidores têm que voltar a ele muitas vezes para ver mais. Use a aparência e a estrutura do seu site para dirigir os seus objetivos de marketing estratégico e, no final, ajudar a estabelecer sua marca.

Complementando o Seu Site com um Mini Site

Talvez certo componente do seu negócio, produto, evento ou promoção simplesmente não possa ser mantido dentro dos limites do seu site central — é simplesmente importante demais. A solução: dê a este componente o seu próprio espaço. Dê a ele um mini site — um pequeno site ou parte de um site dedicado a um assunto específico.

Mini sites são o campo de batalha mais recente da criatividade de guerrilha. Um mini site pode lhe servir muito bem — desde que você o tenha construído para servir a uma estratégia específica de marketing. Eis algumas das abordagens mais engenhosas que vimos recentemente:

- **Competições e entrega de prêmios:** Com frequência, a melhor maneira de motivar os consumidores é uma competição. Um mini site completo — com a marca disposta de forma visível, taxa de produção de cliques e redirecionamentos ao seu site principal — pode ser um ótimo lugar para realizar uma competição ao mesmo tempo que preserva a integridade de sua marca.

- **Petições:** Organizações sem fins lucrativos, instituições de caridade e negócios socialmente conscientes têm sido especialmente bem-sucedidos ao criar mini sites com petições para promover mensagens políticas e mudança social (para mais ideias sobre como associar-se com eventos beneficentes, confira o Capítulo 10).

- **Teaser e sites de campanhas específicas:** Um dos usos mais fascinantes para os mini sites são as campanhas de teaser — nas quais os consumidores recebem apenas informação suficiente para atiçar a curiosidade, que por sua vez os motiva a conferir o site para ver sobre o que é a campanha.

Teaser está na moda agora porque todo mundo quer estar por dentro — é normal do ser humano. Porém, assim como no caso da maioria das táticas de guerrilha, só o tempo dirá se vai durar. Se o uso excessivo deste instrumento ardiloso fizer com que ele se torne um clichê, o desafio dos marqueteiros será aparecer com alguma outra coisa que seduza os consumidores.

Quando estiver criando uma campanha de *teaser* engenhosa ou outros sites de campanhas específicas, mantenha-se longe de nomes e conceitos que possam ser entendidos como ameaçadores. Você vai querer se certificar de que esta emoção seja curiosidade, e não medo — ou pior, aversão.

Se decidir que um mini site faz sentido para você e estiver pensando em direcionar tráfego das ferramentas de busca para o seu site, compre um nome de domínio à parte.

Para descobrir se um nome de domínio no qual esteja interessado está disponível, vá a qualquer serviço de registro de domínio.

Se não estiver, você sempre pode colocar o mini site da competição dentro do nome de domínio já existente de sua companhia. Em vez de o mini site existir como algo autônomo, irá aparecer agora como um site dedicado dentro do seu próprio site.

Organizando Endereços Web a Seu Favor

Um endereço web, chamado tecnicamente de URL (que significa, em português, Localizador Padrão de Recursos), é o endereço de cada página do seu site. A URL completa de uma página típica de um site é algo do tipo `www.suacompanhia.com`. O nome de domínio é a parte que diz `suacompanhia`. Ao selecionar uma URL, tente pegar algo que possa ser facilmente lembrado e redigitado pelos seus consumidores.

Ser preciso com a linguagem que usa em sua URL é essencial para possibilitar que os consumidores o encontrem, tanto diretamente, quanto por meio de ferramentas de busca.

Além de escolher a URL certa para o seu site, você tem que pensar em termos de URLs alternativas, que são outros nomes de domínio que redirecionam os visitantes a outro site. Para dicas sobre como fazer este redirecionamento, fale com o seu serviço de registro de domínio ou com o seu web designer.

 Muitas companhias compram múltiplos nomes de domínio e usam as diferentes URLs para ofertas de marketing específicas à parte ou para direcionar os visitantes a um site central único. Qualquer uma das táticas pode ser eficaz, mas você precisa ter cuidado para não criar o que as ferramentas de busca vão interpretar como conteúdo duplicado. Sites duplicados podem levar uma ferramenta de busca a banir todos os sites do índice dela. Fale com o seu web designer para evitar este problema.

Brincando com Jogos Online

Você pode se interessar em incorporar um jogo em seu site. A boa notícia, da perspectiva do custo, é que há milhares de jogos disponíveis na internet que você pode instalar no seu site, e muitos deles são gratuitos. Mas, antes, faça-se estas duas perguntas:

- ✔ Qual é o propósito específico de marketing do site?
- ✔ Como o acréscimo deste jogo pode ajudar a promover este propósito?

Um jogo pode atrair visitantes ao seu site, mas se ele não promover suas metas de marketing, você não tem nenhuma boa razão para oferecê-lo.

Por outro lado, se o jogo mantiver o seu público-alvo no site por um pouco mais de tempo de uma maneira envolvente e relacionada à marca, nós recomendamos: adicione-o!

Jogar ou não jogar? Sabendo quando adicionar um jogo é uma boa ideia

Uma das características inconfundíveis de um site bem-sucedido é o que por vezes se chama de viscosidade — a habilidade do site de atrair visitas repetidas. Um site pegajoso tem o tipo de conteúdo que compele o visitante a continuar retornando.

Sites frequentemente criam viscosidade ao usar jogos online. O único problema com o uso de um jogo online é que os consumidores podem começar a vir apenas para jogar e ignorar os seus produtos e serviços. Você pode evitar este destino ao incorporar sua marca o máximo possível no jogo. Desta forma, mesmo que eles estejam usando o site apenas pelo jogo, pelo menos sua marca recebe a exposição que merece.

Entre e confira! Verificando os tipos de jogos que você pode oferecer

 A melhor maneira de evitar que os consumidores entrem no seu site, joguem, e então saiam sem nem mesmo dar um clique nos seus produtos e serviços é associar o seu jogo e seus resultados com os seus produtos e serviços. Por exemplo, vencedores do jogo podem ser recompensados com uma amostra gratuita do produto ou um desconto.

Alguns orçamentos não permitirão isso — e isso é normal — mas leve em consideração onde e quando você possa oferecer algo, porque isso ajudará a construir uma base fiel de usuários.

 Outra opção ainda melhor é criar um jogo personalizado que inclua os seus produtos, suas marcas e alguns benefícios ao usuário diretamente nos próprios jogos, de forma que sua marca e as vantagens competitivas dela sejam continuamente reforçadas. Para uma configuração personalizada como esta, você vai precisar de um designer profissional de games.

Pegando leve no material extra

Após estabelecer sua presença básica na *web*, você precisa se sobressair na multidão. E, acredite em nós, há uma grande multidão lá fora competindo (ou berrando) pela atenção dos seus clientes e possíveis compradores. Para dar ao seu site aquele fator especial e permitir que ele se destaque entre os competidores, você vai querer dar a ele o entusiasmo de que precisa — não apenas para atrair visitantes, mas para fazer com que continuem voltando para ver mais.

Apesar da tentação de pirar com diversos elementos espalhafatosos, repita o mantra: "como isto vai aprimorar a minha marca, promover os meus produtos ou aumentar as minhas vendas?". Pode ser irritante para os seus amigos e vizinhos quando o mantra for cantado sem parar, mas valerá a pena quando suas páginas não ficarem cobertas por materiais extras caros e desnecessários.

Outra forma de pôr os pés no chão é percorrer os sites dos seus concorrentes. Veja quais dispositivos e aplicativos eles estão usando ou não. Então considere de forma objetiva se eles são instrumentos eficazes para atingir os consumidores ou apenas meras distrações. Se forem distrações, sinta-se à vontade para tripudiar. O outro lado da moeda, é claro, é pensar em coisas que os seus concorrentes não têm, mas que podem suprir algum tipo de necessidade deles.

Dando às Pessoas a Chance de Entrar para Ganhar

Os web designers se inspiraram no manual de estratégias de *merchandising* ao criar concursos "entre para ganhar" em versão online. Técnicas de merchandising que funcionam bem em pontos de venda — como uma academia oferecendo aos participantes a chance de ganhar um mês de uso gratuito em troca do preenchimento de uma ficha de registro — também funcionam na Internet, às vezes ainda melhor.

Concursos "entre para ganhar" são relativamente simples (consulte as seções a seguir). Além do mais, a interatividade que um concurso cria lhe dá a chance de ter um diálogo indireto com os seus clientes, o que lhe proporciona informações instantâneas.

Desenvolvendo uma competição

Ninguém cria uma competição somente para distribuir prêmios. De uma perspectiva comercial, distribuir prêmios sem esperar nada em troca não é uma jogada inteligente.

Logo, a fim de obter alguma coisa de sua competição, você precisa decidir o que espera conseguir dos seus consumidores. O que você vai solicitar pode ser algo tão simples quanto informações de contato deles ou tão complexo quanto comprar alguma coisa de fato. Lembre-se: o que você está buscando deve ficar na mesma proporção do que está oferecendo em termos de prêmios.

Todas as competições devem ter um propósito de marketing estratégico e específico que desenvolva sua marca e, no final das contas, impulsione as vendas. A regra básica simples é: se o que você está distribuindo custar mais do que se espera ganhar em aumento de vendas, é melhor deixar passar a oportunidade.

Uma competição interativa online pode ser bem simples de se desenvolver. O seu web designer pode criar um formulário no qual os visitantes digitam suas informações para participar. Estes formulários podem ser configurados para que todos os dados coletados sejam enviados para o seu e-mail.

Se quiser algo mais sofisticado ou acabado, você pode tentar trabalhar com uma companhia que se especialize especificamente em projetar competições online. Embora mais cara, esta abordagem oferece um cardápio de opções que pode incluir tudo, do design à coleta de dados, da prestação de contas ao processamento (a execução da competição e a entrega dos prêmios), tirando todo o fardo dos seus ombros.

Peça às pessoas somente o que você precisa. Se tudo de que realmente precisa é um nome e um endereço de e-mail para o seu formulário (e para cumprir suas metas em termos de adquirir as informações de contato das pessoas), então fique nisso.

Criando as regras

Regras são essenciais. Além de estabelecer a mecânica da competição, elas proporcionam certa proteção contra qualquer reclamação.

As regras certas dependem do tipo de competição que você quer realizar, e antes de tudo, daquilo que você está pedindo ao participante. Publique todas as regras e restrições em locais facilmente acessíveis e legíveis.

Quando estiver criando a lista de regras, faça a si mesmo as seguintes perguntas:

✔ **Quem é elegível?**

✔ **Por quantas vezes se pode participar da competição?**

✔ **Quais são os prêmios?**

✔ **Como você irá selecionar os vencedores?**

✔ **Como você irá entregar os prêmios?**

✔ **Quantos prêmios um visitante do site pode ganhar?**

✔ **Se estiver conduzindo um sorteio, quais são as chances de vencer (se isso for calculável)?**

✔ **Você terá alguma restrição de idade?**

✔ **Há alguma prova da compra ou outras condições prévias?**

✔ **Quando a competição acaba?**

✔ **Como e onde os prêmios serão distribuídos?**

✔ **Há leis locais, estaduais ou federais apropriadas que precisem ser cumpridas?**

Se estiver conduzindo uma competição, sua melhor aposta é consultar um advogado. Contratar um profissional que gaste 30 minutos revisando suas regras pode ajudar a evitar horas potencialmente intermináveis no tribunal.

Mandando os prêmios

Dependendo do alcance de sua campanha, do número de participantes e da estrutura de suas regras, você pode descobrir que consegue lidar com a seleção e o envio dos prêmios por conta própria, poupando algum dinheiro para usar em sua próxima grande competição!

Se sua competição for maior ou exigir o envio de muitos prêmios, você pode precisar contatar uma firma de processamento para ajudá-lo. Estas empresas atuam no planejamento e gerência da própria competição ou na função à parte de distribuir os prêmios.

Levando para o Lado Pessoal: Carregamento de Arquivos e Personalização

Todas as pessoas querem se sentir importantes, como se tudo no mundo fosse criado apenas para elas. Tudo tem a ver com criar uma experiência que seja própria ao consumidor. Em nenhum outro lugar a personalização é mais difundida do que na internet, onde ela é possível com relativamente menos despesas por pessoa.

Implementar elementos personalizados pode ter um ótimo valor agregado como estratégia de marketing porque, ao criar itens para customizar o conteúdo e usar o carregamento de imagens e vídeos associados com sua marca, você transfere aos consumidores o trabalho de espalhar sua marca.

Por exemplo, você pode querer permitir que os visitantes do seu site carreguem os seus próprios conteúdos para que outros possam vê-los, e que personalizem a aparência das páginas pessoais deles. Se sua marca tem um personagem símbolo ou um mascote, você pode cogitar dar aos consumidores a chance de carregar fotos e ter o seu retrato transformado para parecer com o mascote!

A não ser que você seja um prodígio do design, provavelmente precisará apelar para os recursos de alguém especializado. Em geral, tecnologias e programação personalizadas para sua marca exigem bem mais trabalho do que o necessário para se produzir um site estático básico.

Encontrando alguém para fazer o trabalho

O foco de um grande número de agências está em criar presenças dinâmicas na web. Nelas trabalham uma profusão de designers, artistas gráficos, desenvolvedores de jogos e de bancos de dados extremamente talentosos, que podem criar alguma coisa empolgante.

Uma rápida busca online, pode ajudar a tornar as habilidades destas feras acessíveis a você.

De qualquer maneira, a questão a se perguntar a uma agência, quando estiver considerando se vai trabalhar com ela para produzir os seus novos aplicativos personalizados, é:

> Esta agência sabe como fazer o meu site funcionar como uma ferramenta de marketing altamente eficaz?

Afinal, se você for gastar dinheiro e energia criativa para desenvolver e criar um complemento empolgante que permita carregamento de arquivos e personalização, ele deve funcionar maravilhosamente para produzir uma máquina de marketing fina e robusta.

Oferecendo algo único

Se você quiser que seu site funcione como uma ferramenta eficaz de marketing, você precisa trazer à mesa alguma coisa nova. Comece este desafio considerando o que atrai os seus consumidores.

Para faixas demográficas mais jovens em especial, nada chama mais a atenção dos consumidores do que coisas que apelam à cultura pop. Música? Filmes? Blogs? Esportes? Veja quais conceitos originais podem ser adicionados a seu site para mantê-los visitando sua página e, espera-se, colocando-a nos favoritos do navegador.

Para uma faixa demográfica mais velha, você pode criar um *widget* ou aplicativo personalizável novo e impressionante (leia mais sobre isto no capítulo a seguir) que rastreie o fluxo das finanças daquela pessoa por meio de um ícone constantemente atualizado. Política, imóveis, gastronomia e outros tópicos relacionados podem servir de munição para proporcionar aos seus consumidores mais velhos um conteúdo personalizável que não seja apenas visual e pessoalmente agradável, mas útil também.

 Aumentar o valor de marca por meio do uso de seu aplicativo personalizado o diferencia da concorrência, e mantém os seus clientes voltando para ver mais.

Sendo cauteloso ao ceder controle

Uma das razões pelas quais a internet pode ser tão atraente é o elemento de ilusão e fantasia.

Embora a criação de imagens personalizadas (frequentemente chamadas de avatares) seja divertida e ajude a criar sites aos quais os consumidores retornam sem parar, para um comerciante online isso pode vir com algumas armadilhas. Embora geralmente amigável, infelizmente nem todo usuário da internet é razoável, maduro ou são. Logo, você precisa aplicar algum tipo de recurso de filtragem ou edição para certificar-se de que nada apareça no seu site que você não quer ver lá. Afinal de contas, tudo o que for publicado lá será associado à sua marca. Fique de olho no seu site, e certifique-se de que nada que for adicionado por um consumidor suje sua reputação.

Crie um recurso de edição no seu software e avise aos usuários que o conteúdo aguardará moderação antes de ser publicado. Então, selecione alguém para monitorar o conteúdo e evitar comentários de mau gosto dos seus consumidores. Isso pode parecer despesa extra, mas aplicar estes recursos desde o início pode permitir que você evite um desastre de relações públicas no futuro.

Exibindo e compartilhando conteúdo gerado por usuários

As pessoas apreciam a interligação de participar de algo online, a noção de que elas são parte de alguma coisa maior. Do ponto de vista do marketing, proprietários de negócios podem utilizar seus recursos personalizados para ajudar a estabelecer lealdade à marca. Dar aos visitantes a oportunidade de contribuir de uma maneira que seja significativa (como proporcionar uma área para os usuários adicionarem opiniões, comentários, imagens e vídeos em seu site) funciona como vantagem estratégica.

Capítulo 14

Socializando

· ·

Neste Capítulo

▶ Encontrando os sites de redes sociais

▶ Potencializando redes sociais para beneficiar sua marca

▶ Usando fóruns de internet para contato instantâneo

▶ Medindo sua eficácia

· ·

*O*s sites de redes sociais dominaram o panorama popular online e capturaram a imaginação dos jovens com sua natureza interligada.

Neste capítulo, nós apresentamos a você alguns dos sites de redes sociais mais conhecidos, mostramos as atrações que os tornam populares e contamos como você pode começar a causar impacto a um custo mínimo (ou zero). Também exploramos as oportunidades disponíveis de marketing já existentes nestes sites e o deixamos a par de como tomar decisões, se decidir usá-las. Por fim, mostramos como seu sucesso nestes portais e usar este conhecimento para instruir iniciativas futuras.

Bem-vindo ao Mundo das Redes Sociais

Redes sociais são sites que permitem aos usuários que personalizem suas próprias páginas e criem uma rede de contatos, conectando os usuários às páginas de outras pessoas. Qualquer que seja a razão, elas se tornaram um fenômeno da sociedade moderna.

Além de proporcionar aos usuários a oportunidade de se comunicar instantaneamente uns com os outros, os sites de relacionamento social, como o Facebook ou MySpace, permitem que os participantes, façam contato com pessoas do país e do mundo todo, fazendo, ao mesmo tempo, o mundo parecer um pouquinho menor.

As opções personalizáveis destes sites variam de um site o outro (entraremos em detalhes nos tópicos a seguir). Eis um resumo de alguns dos destaques:

- ✔ **Fotografias.**
- ✔ **Dados pessoais e/ou profissionais.**
- ✔ **Espaços para comentários.**
- ✔ **Blogs pessoais.**
- ✔ **Música e vídeo.**

A razão pela qual tais atrações são importantes é que, em certas faixas demográficas, estes sites oferecem uma oportunidade completamente personalizada e passível de atribuição de marca para se trazer os consumidores à sua rede de contatos por um custo mínimo. Compreender plenamente os aspectos culturais destes sites permite tirar o máximo proveito destas opções de boa relação custo-benefício.

Frise-se, ainda, que ter uma página no MySpace ou no Facebook, e conduzir uma campanha de banners online em qualquer um destes sites não é tudo o que você precisa fazer. Ambos podem ser úteis para criar buchicho online, mas criar um mix saudável de acordo com o seu orçamento através de diversos veículos o ajudará a moldar a melhor estratégia online possível.

Analisando Suas Opções

Inscreva-se em todos os sites dos quais ouviu falar e participe um pouco de forma passiva por alguns dias. Você rapidamente descobrirá se quer usar um site ou outro para promover o seu negócio, depois ter uma noção de como funcionam.

Para ajudá-lo a começar sua expedição em território à princípio um pouco assustador, apresentamos, neste tópico, os grandes nomes na cena de redes sociais e suas características principais. Esta informação pode ajudá-lo a tomar decisões inteligentes sobre em que sites pretende trabalhar e o que quer fazer com eles. Ao ser exigente quanto a quais sites usar, você pode atingir o seu público de uma maneira direcionada e empolgante.

Facebook

Com milhões de usuários, um dos sites mais populares de rede social
é o Facebook (www.facebook.com).

 Neste tópico nós oferecemos uma visão geral do que o
Facebook pode fazer por você.

Os detalhes

Ao contrário de outros sites sociais, que permitem aos usuários que
deixem suas páginas com cores diferentes, o Facebook mantém
páginas relativamente uniformes e despojadas. Todas as páginas são
essencialmente dispostas da mesma maneira. Os usuários das páginas
são encorajados a personalizar suas páginas com o acréscimo de
aplicativos (conhecidos como apps), que variam enormemente.

Quando o Facebook começou, todos os usuários precisavam ter um
e-mail universitário para poder participar. Com o tempo, o Facebook
abriu sua matrícula para qualquer pessoa com mais de 13 anos. Mais
recentemente, o Facebook vem desfrutando de sucesso ainda maior
ao atrair progressivamente os usuários mais velhos que procuram
manter-se em contato sem todo aquele estímulo visual que outros
sites, como o MySpace, exibem. Para o marqueteiro engenhoso, a
evolução nas práticas de filiação proporciona uma oportunidade
valiosa de atingir as faixas demográficas desejadas.

Como fazer o Facebook trabalhar para você

Se estiver interessado no Facebook, o primeiro passo é criar uma
página própria — comece configurando sua própria página pessoal
em vez de uma para sua marca, de forma que possa ver a situação do
terreno primeiro. A única maneira de saber o que está acontecendo
no Facebook é participando.

Você pode até mesmo querer manter sua página privada enquanto
explora em relativo anonimato (vá até sua página inicial e clique em
Privacidade; a partir daí, você pode decidir quem pode ver o seu
perfil, quem pode ver suas fotos e quem pode procurar por você).
Desta maneira você pode ter uma noção do panorama, dos usuários
e dos aplicativos e ver se o site funciona para você e sua marca,
enquanto preserva sua "aura misteriosa"!

Criando uma página da companhia ou um grupo

A maneira mais simples de pôr sua marca no caminho do estrelato é configurar uma página especificamente para ela.

Outra opção é criar um grupo. Criar um grupo é bem menos complexo do que configurar uma nova página porque você pode iniciá-lo a partir de suas páginas existentes. Após clicar no ícone apropriado, você configura os fundamentos do assunto do grupo e pode começar a convidar os fãs para que entrem nele. A partir daí, você pode elaborar as coisas tanto quanto quiser.

O que você pode fazer para tornar o seu grupo algo sem paralelo? Talvez um nome engraçado ou uma frase feita intrigante possam ser usados para atrair consumidores que se juntem ao seu grupo.

Há diversas vantagens em criar páginas de grupos:

- ✔ **Você pode rastrear as pessoas que estão interessadas em sua marca.**

- ✔ **Quando as pessoas aderem a um grupo ou página de fã, as páginas em questão são publicadas nos seus perfis.**

- ✔ **Após as pessoas aderirem ao seu grupo, você pode entrar em contato e se envolver com elas de diversas maneiras.**

Recomendamos fortemente que você só mande mensagens ao grupo sobre artigos de importância específica. Se os usuários decidirem que você está enviando muitas coisas sem valor a eles, podem simplesmente se mandar de sua página ou comunidade.

Divulgando eventos

Você pode querer organizar alguns eventos voltados aos consumidores para elevar a percepção e arrumar alguma cobertura da imprensa para sua marca (para saber mais sobre eventos, confira os Capítulos 7 e 8).

Compartilhando vídeos: conteúdo viral

Nós adoramos vídeos engraçados. E a grande vantagem dos sites de redes sociais é a capacidade de espalhar suas fotos e vídeos, o que é conhecido como conteúdo viral (se espalha mais rápido do que uma gripe).

O desafio criativo é inventar conteúdo que mereça transmissão viral. Você precisa inventar algo que não apenas seja relacionado à marca, como também engraçado o suficiente para que as pessoas queiram publicá-lo em suas páginas no Facebook e compartilhá-lo com todos os amigos.

Se a ideia de acompanhar todas estas coisas parece ser mais do que você está interessado em manobrar, você pode querer contratar um jovem estudante universitário para passar várias horas por dia no site e atuar como o "web master" de sua presença por lá.

MySpace

Muito popular, o site é único porque possibilita personalização quase completa aos seus usuários — e ensina aos consumidores o código HTML básico no processo!

Nesta seção nós oferecemos uma visão geral do que o MySpace pode fazer por você.

Os detalhes

O MySpace oferece aos seus usuários a oportunidade de criar páginas que sejam verdadeiramente únicas. Quando as pessoas se inscrevem no site, elas recebem um layout bem básico e podem personalizar suas páginas por meio de código HTML disponível online.

O MySpace não é o lugar certo para todos (nenhum site o é), logo, a melhor coisa a fazer é inscrever-se, pôr sua configuração de Privacidade no máximo e dar uma volta para ver o que está acontecendo.

Como fazer o MySpace trabalhar para você

Entrar no reino do MySpace é empolgante porque ele lhe oferece opções quase ilimitadas de personalização para sua página. Não é preciso se preocupar caso suas habilidades de HTML estiverem enferrujadas (ou não existirem) — há diversos sites na internet onde você pode criar código HTML personalizado para uso no MySpace. Se souber como copiar e colar, você está pronto.

Criando uma página da companhia ou um grupo

O primeiro passo para demarcar o seu terreno no MySpace é criar uma página da companhia. A partir daí, você pode criar grupos.

Sua página inicial pode ser sobre "você", mas os grupos a fazem se tornar algo sobre "eles" — os consumidores. Um grupo encoraja o senso de inclusão e domínio do consumidor, o que pode servir muito bem à sua marca.

 O MySpace encoraja a liberdade de expressão, mas como em tudo que vale a pena, as pessoas levam isso longe demais. Para evitar problemas, como ter pessoas publicando material obsceno ou de mau gosto na seção de comentários de sua página, você pode empregar um webmaster para manter sua página limpa de detritos da Internet, ou simplesmente alterar suas configurações de privacidade de maneira que todo o material enviado necessite de sua aprovação antes de ser publicado.

Enviando boletins

Uma das funcionalidades do MySpace que serve como um ótimo recurso para as marcas é o espaço para boletins. Aqui, membros podem publicar "recados" sobre acontecimentos, pesquisas engraçadas e outros eventos. Quando um boletim é publicado, aquele recado aparece na página inicial de todos os seus "amigos" até que o tempo passe e "empurre" o seu boletim para o final da lista.

Ao ser posto lado a lado com os recados dos seus amigos procurando locais para alugar ou avisando sobre festas de aniversário, o seu boletim não parece ser um recurso de marketing — ele se parece apenas com mais uma atualização nesta agitada comunidade.

 É claro que você não quer abusar do privilégio. Comunicados importantes publicados uma vez por mês (no máximo) são geralmente tolerados, enquanto anúncios diários são desprezados e podem resultar em consumidores repudiando sua "amizade".

Escrevendo um blog

Cada página do MySpace está habilitada para que o usuário possa publicar registros de blog. Outros usuários do MySpace podem ler e comentar sobre as postagens.

No que diz respeito ao marketing online, você pode usar o seu blog no MySpace para publicar informações úteis de uma maneira direcionada para os seus usuários — não como um vendedor, mas como um participante da comunidade. Isso permite que seu público leia suas atualizações e se envolva de uma maneira imediata.

Promovendo eventos

Envie convites eletrônicos casuais para manter os seus amigos a par dos seus eventos especiais futuros.

 Seja seletivo quanto ao momento de enviar os convites, para garantir que as pessoas realmente participem quando algo grande acontecer.

E além

Embora a conectividade das pessoas cresça exponencialmente a cada hora por meio destes sites, nós prevemos que esta tendência vai esfriar e os consumidores irão solicitar conteúdo de qualidade e interesse mais específico. Este desejo vai resultar em apoio crescente a sites independentes voltados a nichos particulares — mas isso é apenas a nossa teoria.

O que nós realmente sabemos com certeza é que, embora o Facebook e o MySpace sejam os grandes sites de relacionamento social, há uma horda deles. Nesta seção, oferecemos uma noção geral dos outros sites mais populares.

LinkedIn

Qualquer que seja sua posição, você pode utilizar sites como o LinkedIn (`www.linkedin.com`) para maximizar o seu contato com pessoas que podem ajudar sua marca.

Desenvolver fortes ligações e relacionamentos no seu ramo de negócio pode ajudar a solidificar sua presença comercial. O LinkedIn é mais um instrumento para isto. O site atua como currículo virtual, relatório de projeto e centro de aprovação.

O conceito central do LinkedIn é de que seus usuários normalmente não estão interessados em se gabar fazendo o maior número possível de amigos virtuais. Em vez disso, os seus usuários estão, em geral, buscando uma maneira de reunir os seus contatos comerciais e pessoais. O resultado é uma rede de pessoas que realmente se conhecem e usam estas conexões para desenvolver ainda mais suas relações comerciais.

Twitter

Na última década, nos acostumamos a ter os nossos celulares conosco o tempo inteiro. O Twitter (www.twitter.com) é o progresso natural das redes sociais. Ele permite que as ligações que os usuários têm online sejam levadas a qualquer lugar e torna móvel a conectividade online.

Eis como ele funciona: você pode publicar uma mensagem em sua conta Twitter tanto pelo computador quanto mandando uma mensagem de texto pelo celular. A mensagem é publicada em sua página e distribuída a amigos que decidiram receber suas atualizações. O Twitter criou uma cultura de micro blogueiros — assim chamados porque as postagens do Twitter têm um limite de 140 caracteres.

Friendster

Apesar das semelhanças com as funções apresentadas pelo Facebook e pelo MySpace, pelo menos entre os usuários americanos o apelo do Friendster tem diminuído e, portanto, ele não é um lugar nem de perto tão oportuno para enfocar suas forças de marketing. Esta, porém, é apenas a nossa posição quanto a ele. Você pode acabar descobrindo que o Friendster é o lugar perfeito para o seu produto.

Usando Sites Existentes para o Bem do Seu Produto

Então você quer ser um figurão dos sites de redes sociais, não é? Muito bem. Para ajudá-lo a fazer isso, compilamos uma lista com algumas dicas de como divulgar a mensagem por lá:

✔ **Seja você mesmo.** Certifique-se de que o que puser lá seja tão exato quanto possível em termos de representação de sua marca. Quando se trata de marketing ético online, honestidade é a melhor política.

✔ **Proteja o seu espaço.** Mude sua senha semanalmente e ajuste suas configurações de segurança e de privacidade em um nível adequado ao risco captado. Um comentário ou imagem ofensiva publicada em sua página, ainda que apenas por algumas horas, podem causar dano irreparável à sua marca.

✔ **Participe.** Deixe comentários nas páginas de artistas, atletas ou outras pessoas de influência (consulte o Capítulo 12) relacionadas à marca que tenham ideias afins. Iniciar diálogo com formadores de opinião só ajuda a promover sua imagem online.

✔ **Dê a eles algo que não veem em nenhum outro lugar.** Que conteúdo especial você tem que pode fazer com que os usuários voltem para ver mais? Use o que tem para criar oportunidades únicas de gerar tráfego em suas páginas e manter os visitantes voltando para ver o que vem depois.

A razão pela qual o Marketing de Guerrilha e os sites de redes sociais casam tão bem é que o sucesso de ambos depende unicamente da habilidade dos seus praticantes de inovar dentro daquele espaço.

 Simplesmente criar uma presença nestes sites e não ter uma estratégia de manutenção pode, na verdade, prejudicar sua marca, ao fazê-la parecer banal e tediosa. Você tem que manter a integridade do seu lançamento inicial, mas sempre esteja alerta para oportunidades que poderiam atrair para sua rede alguma pessoa que possa fomentar o burburinho sobre sua marca.

Avaliando se as Suas Habilidades Sociais Estão Funcionando

Como saber se compensa ou não ter boas habilidades sociais? Gostamos de ver a participação em sites de redes sociais como um investimento. A maioria das marcas não vende mercadorias diretamente em seus sites de relacionamento social, logo, as pessoas podem se perguntar "qual é a vantagem"?

A vantagem é que aumentar o seu círculo social lhe dá a chance de elevar a percepção de sua marca. Então, é só uma questão de quantas vezes você tem que causar uma impressão antes do seu alvo fazer uma compra.

Se estiver fazendo tudo certo, você logo colherá os frutos. Páginas bem-sucedidas registrarão um aumento no número de acessos e de solicitações de amizade. Certifique-se de incluir análise de tráfego de sites (consulte o Capítulo 12) de forma que possa rastrear, em termos concretos, que tipo de retorno está recebendo de suas fontes.

Parte V

Se uma Árvore Cai na Floresta... O Poder da Imprensa

A 5ª onda
por Rich Tennant

ORICHTENNANT

Uma fábrica de tortas não é o melhor lugar para pedir ideias de relações públicas que estejam mais "na cara".

Nesta parte...

*N*esta parte, oferecemos as ferramentas necessárias para conseguir a cobertura crucial para o sucesso de uma campanha de Marketing de Guerrilha. Para ajudá-lo a obter sucesso, identificamos as pessoas que podem conduzir melhor sua mensagem ao público e equipamos você com os instrumentos necessários para comunicar seus objetivos de forma eficaz.

Por fim, encerramos esta parte explicando um pouco sobre as pessoas cujo trabalho é conseguir cobertura da imprensa: agentes publicitários e profissionais de relações públicas.

Capítulo 15

Identificando Seus Veículos

. . . .

Neste Capítulo

▶ Selecionando as pessoas e as mídias que podem lhe beneficiar mais

▶ Maximizando os seus contatos para obter exposição

▶ Aplicando táticas de guerrilha para espalhar a notícia

. . . .

*N*este capítulo mostramos como dar visibilidade e exposição para o produto que criou ou a campanha que está promovendo, usando contatos novos ou preexistentes em veículos da grande mídia, de setores da sua área de atividade ou de cunho mais genérico. Começamos olhando em seu próprio catálogo de endereços. Quem você conhece que pode ajudar a conseguir maior percepção e cobertura da imprensa? Às vezes, tudo o que você tem que fazer é uma solicitação gentil aos seus amigos ou à sua família. Em outras, você pode precisar trazer o setor para o seu lado e gerar algum burburinho nos veículos comerciais do ramo. Ou talvez você esteja sonhando alto e pensando em conseguir alguma exposição em grande estilo na mídia.

Aqui, discorremos sobre os veículos pessoais e profissionais que podem ser influenciados (às vezes, a favor da cobertura de mídia), consideramos os prós e contras de cada um, e examinamos como você pode usá-los para o aperfeiçoamento de sua marca. Quando adotados com sucesso, estes veículos podem conferir resultados excepcionais!

Às Vezes, É uma Questão de Quem Você Conhece: Alavancando os Seus Contatos Já Existentes

Pessoas influentes, formadores de opinião ou lançadores de tendências — não importa como os chame, quando se trata de identificar oportunidades de aparecer na imprensa você vai querer tê-las ao seu lado. Ao pesquisar os veículos onde é possível obter conselhos ou informações confiáveis, comece com as fontes mais imediatas e siga em frente a partir daí.

Quando você pensa em comprar um carro, a quem você pede conselhos? Quando se fala de dinheiro e de economia, quem parece estar de olho nos acontecimentos? Quando se trata de tendências modernas, na opinião de quem você confia? Dependendo da relevância ao seu produto, estas são as fontes para as quais vai querer se voltar primeiro em busca de conselho, já que constituem em "fontes confiáveis" pessoais.

À medida que desenvolver o seu negócio, você vai querer fazer de tudo para se enquadrar como um destes especialistas ou fontes confiáveis.

Ao contrário da publicidade, sua própria rede pessoal de "relações públicas" pode prosperar ao contar com a transmissão de sua mensagem em veículos confiáveis (quer eles estejam em seu grupo de colegas, em seu círculo comercial ou na imprensa voltada ao consumidor). Também conhecida como mídia gratuita, ter sua mensagem aceita em veículos de notícias e editoriais traz credibilidade implícita (ou o que os especialistas gostam de chamar de aprovação de terceiros).

 Uma das melhores maneiras de começar a gerar prestígio como fonte confiável é estabelecer-se como uma fonte a ser procurada a respeito de um tópico em especial. Você pode fazê-lo ao participar de debates, ao oferecer artigos para publicações locais e do seu setor e ao participar ativamente de sua comunidade local de negócios e do seu ramo de atividade. Quanto mais respaldo ganhar em seu meio, mais fácil será no futuro chamar a atenção e posicionar o seu

produto ou serviço (para saber mais sobre como usar estes recursos para estabelecer-se como um especialista em sua área de atuação, procure o Capítulo 13).

Há, porém, a questão do ceticismo. À medida que o público vai se tornando cada vez mais ciente do cruzamento entre conteúdo publicitário e editorial, as marcas enfrentam uma batalha crescente ao apresentar suas mensagens.

O guru do marketing Jack Ries explica uma estratégia para destruir o ceticismo de maneira simples. Comece o lançamento de produtos novos ou aperfeiçoados com um forte trabalho de relações públicas e de alcance da imprensa em primeiro lugar, para gerar interesse e credibilidade de base. Então, monopolize este interesse ao passar para sua estratégia de publicidade. O raciocínio de Ries é conciso e sensato. Ganhe a aceitação de um público cético. Então, após ter seus consumidores alvoroçados de interesse, apresente a oferta do produto com iniciativas publicitárias firmes.

Neste tópico, começamos com os veículos mais próximos de você, como os amigos e a família. A partir daí, olhe para a imprensa local e do seu ramo. Você tem um bom contato que sabe que daria um tratamento justo ao seu produto? Tente pautá-lo para conseguir algum editorial (falamos sobre o alcance das relações públicas no Capítulo 16). Por fim, após suas iniciativas ganharem ímpeto, cobre aquele favorzinho para conseguir a apresentação na grande mídia que pode levá-lo além!

Folheando os Cartões de Visita: Sua rede pessoal de contatos

Anote exatamente o que está fazendo ou o que está pensando em atingir e, então, faça uma estimativa de como sua rede pessoal de contatos pode ajudá-lo a atingi-los.

Uma coisa importante a se ter em mente é que as pessoas no seu grupo de contatos direcionados provavelmente já cumpriram algum papel naquilo que você planeja lançar. Se este for o caso, cite-os pelo envolvimento onde for apropriado. Este reconhecimento trará colaboradores e parceiros para o seu lado, e isso não faz mal algum.

Entretanto, cuidado: dar crédito pela assistência é um gesto cortês, mas que podem sair pela culatra se a pessoa não quiser ser mencionada por um motivo ou por outro. Regra básica: pergunte primeiro.

Após escolher pessoalmente todos os contatos em seu porta cartões que receberão o anúncio de sua campanha, produto ou serviço, é hora de classificá-los. Priorize aqueles que devem receber antes a mensagem do que você pretende fazer. Lembre-se de ter uma consideração especial com as pessoas que você imagina que possam influenciar outros quanto à validade dos seus propósitos. Repetindo, isto tem a ver com entregar sua mensagem diretamente nas mãos de quem pode fazer o melhor com ela: pessoas com influência.

Qualquer que seja o modo de entrega (como uma ligação ou e-mail), certifique-se de que a lista estrategicamente selecionada seja informada quanto à grande notícia antes do seu grande pronunciamento chegar às bancas de jornal. Há três razões principais para isto:

- **Eles proporcionarão algum retorno preliminar a você quanto aos seus planos.**

- **Eles se considerarão pessoas bem informadas e privilegiadas quando as notícias vierem a público.**

- **Eles agirão como "donos" da notícia depois de lançada.**

Ficando de olho nos seus contatos

Quando você receber e-mails de pessoas que estão mudando de cargo, de empresa, ou subindo na carreira, seja proativo. Faça uma anotação de onde eles estavam, aonde foram e o que estão fazendo agora. Aquela pessoa em um modesto cargo inicial com quem você lidou antes pode se tornar um gerente sênior no próximo empre-go, logo, é bom manter contato com todo mundo.

Por que estamos enfatizando algo que parece fazer parte do manual básico de como trabalhar em escritório? Porque com muita frequência oportunidades são perdidas por causa de um monitoramento ineficiente dos contatos que se tem no setor. Ainda mais importante: quando estive pensando em estender suas relações públicas ao seu arsenal de Marketing de Guerrilha, seus contatos têm que ser atuais, de forma que você possa tirar o melhor proveito possível do seu investimento de mídia.

Ligando para os amigos e a família

Veja se os seus amigos e sua família são capazes de ajudar sua causa ao proporcionar retorno específico ou ajuda na divulgação da mensagem sobre suas últimas realizações, além de apresentá-lo da melhor maneira.

Faça uma lista deles e anote onde trabalham, atuam como voluntários, a quais clubes e organizações pertencem, quem conhecem e assim por diante. Estes são recursos maduros esperando para serem colhidos e, portanto, tire proveito deles.

Deixar sua família e seus amigos a par de sua campanha de guerrilha antes dela entrar em operação confere a eles a oportunidade de tomar conta dela e auxiliar o seu trabalho.

 Especialmente se a notícia que está prestes a lançar for particularmente grande, certifique-se de que aqueles a quem recorrer irão respeitar o conteúdo e o momento de sua iniciativa.

 Não peça muita coisa e com muita frequência. Se tiver um amigo ou parente com grande influência, guarde este às na manga e espere antes de chamá-lo até que você precise de alguma coisa que só ele pode fazer.

Aumentando sua exposição com contatos comerciais

Qualquer que seja seu produto ou serviço, as pessoas com quem você trabalha são veículos em potencial para espalhar a notícia para você. Afinal, têm um interesse especial no sucesso de sua companhia. Os fornecedores, porque se beneficiam de suas vendas continuadas, se não elevadas, por conta de exposição na imprensa. Os clientes, porque são eles que disponibilizam o seu produto no mercado consumidor. Certifique-se de que seus contatos comerciais estejam a par de sua campanha de Marketing de Guerrilha.

 Ao ligar para contatos comerciais, seja reservado quanto a quem trabalha com quem. A pessoa que vende materiais para sua companhia pode também vendê-los a um concorrente seu. Seja criterioso quanto a quem você pode confiar para manter o segredo e quem vai divulgar melhor sua mensagem.

Entrando em Contato com os Setores

Após identificar os contatos que podem ajudar a refinar sua mensagem e atuar como seus embaixadores, é hora de pensar na criação de uma lista de mídia para o seu pronunciamento.

Se você vende diretamente para outras empresas, precisa descobrir veículos de mídia que atinjam estas empresas. Tais veículos, chamados de mídia comercial, geralmente são compostos por revistas ou sites que são lidos e conhecidos em todo um determinado setor de atividades.

Se você trabalhou em um setor em particular por algum tempo, provavelmente já está familiarizado com estas publicações, e tem algumas edições anteriores escorando sua mesa do café. Caso contrário, pode precisar de um pouco de orientação.

Para se dirigir aos setores especificamente relacionados ao seu negócio, você pode consultar o CNAE (Cadastro Nacional de Atividades Econômicas), uma tabela com a nomenclatura padrão detalhada dos vários segmentos econômicos, a qual é elaborada pelo IBGE (Instituto Brasileiro de Geografia e Estatística). Com esta informação, você pode pesquisar associações ou sindicatos patronais existentes e, a partir daí, eventuais publicações especializadas.

De qualquer maneira, e independentemente do seu negócio, é provável que você seja capaz de descobrir uma publicação comercial e uma organização relacionada ao seu setor. Dependendo do tamanho do segmento, esta publicação pode ser uma *newsletter* trimestral ou uma revista mensal em papel couché. Qualquer que seja, leia-a e estude-a. Leve algum tempo considerando os artigos e como eles são apresentados.

Para a maioria das publicações, a busca para arranjar oportunidades editoriais começa na Internet. Publicações maiores mantêm informações sobre o calendário editorial delas, visão geral de conteúdo, composição de leitores (dados demográficos básicos: sexo, idade, renda familiar e assim por diante) e circulação. Você pode encontrar a maioria destes itens nas seções Sobre Nós, nos sites.

Quando começar a compilar sua lista de publicações comerciais associadas com o seu serviço ou marca, tenha uma coisa em mente: revistas e boletins estão sempre em busca de conteúdo novo — afinal de contas, sem isto elas não existiriam. Portanto, não se sinta como se estivesse implorando por atenção — você está simplesmente oferecendo ideias de conteúdo que irão beneficiá-lo tanto quanto a eles.

Não seja tão ansioso a ponto de divulgar sua mensagem em qualquer veículo por aí. Leve realmente em consideração quem vai ler a publicação e como sua presença será vista. Você pode querer tanta cobertura da imprensa quanto for possível, mas certifique-se de que sua inclusão na publicação esteja de acordo com a imagem que quer apresentar, tanto no setor quanto aos consumidores.

Examinando as Opções na Grande Mídia

Procure a mídia voltada aos consumidores ou a grande mídia apenas se o seu produto ou serviço for disponibilizado diretamente ao consumidor.

Claro, sempre há exceções à regra. Você pode ter um produto que geralmente é vendido diretamente a outras empresas, mas você quer deixar o público em geral ciente da existência do seu produto (afinal, as pessoas que administram as empresas para quem você vende são parte do público em geral, também). Esta abordagem é conhecida como estratégia de transferência. Quando funciona, ela tem o poder de colocar o nome de produtos ou itens de significado obscuro ou hermético na boca do povo (para saber mais sobre estratégia de transferência, confira o quadro lateral "Mas que tipo de semicondutor você tem?", neste capítulo).

Mas que tipo de semicondutor você tem?

As palavras semicondutor e microprocessador produzem imagens de nerds estudiosos trabalhando com suas pistolas de soldagem. A companhia de microprocessadores Intel rompeu este estigma ao tornar chips de computador algo legal e levar o seu caso diretamente ao consumidor. Em um exemplo didático da estratégia de transferência, a Intel tornou o seu produto atrativo ao exibir todas as coisas dinâmicas que os consumidores poderiam fazer com os processadores, e então seguiram adiante explicando exatamente que tipo de chip eles tinham "lá dentro" (no inglês, "inside"). A Intel deixou os seus chips tão irresistíveis que fizeram os consumidores ir direto aos vendedores de computadores e comentar "tudo bem, parece bom, mas que tipo de processador ele tem?".

Local versus nacional

Sua decisão final quanto a que mídia deve cortejar depende muito de quem são seus clientes atuais ou futuros e onde eles moram.

Pense em todos os locais onde você, seus amigos e colegas de trabalho obtêm notícias e informações. Eis alguns dos casos mais comuns em vários níveis de alcance:

✔ **Localmente:**

- Boletins municipais.

- Quadros de avisos e calendários comunitários.

- Boletins dos espaços de prática religiosa.

- Estações de rádio municipais.

- Jornais locais.

- Correntes de e-mail.

✔ **Nacionalmente:**

- Jornais das "grandes cidades" que cobrem notícias estaduais e nacionais.

- Programas de rádio transmitidos em rede.

- Blogs e sites de compartilhamento de vídeos.

- Televisão aberta e a cabo.

- Revistas.

Caso seus consumidores estejam por perto, você pode não apenas ter uma maior percepção dos veículos, como também conhecer pessoas que trabalham neles.

Se o empreendimento atingir clientes nacionais, sua tarefa será um pouco mais complicada. Faça uma lista de veículos nacionais que deve contatar, priorizando aqueles que você acha que seriam mais receptivos. Como sempre, pense de forma direcionada — se o orçamento permitir, tente dar enfoque a áreas metropolitanas onde se baseia o maior número dos seus consumidores.

Se for particularmente esforçado, você pode encontrar online a maioria das respostas para suas perguntas quanto a diversas opções disponíveis de veículos nacionais. Firmas de pesquisa de mídia podem ser localizadas na rede através do Google, por exemplo. Porém, como tudo no mundo dos negócios, isso vai lhe custar.

A velha mídia impressa

É possível que seu produto ou serviço não possa ser resumido em uma declaração curta e necessite de explicação adicional; nesta situação, você vai querer cogitar fortemente utilizar a mídia impressa. Fazê-lo é importante por dois motivos em especial:

✔ Publicações impressas podem ajudar a explicar conceitos mais complexos, o que em última análise torna o seu produto mais atraente para os consumidores.

✔ Este tipo de mídia tem mais espaço reservado para conteúdo.

Televisão

O poder da TV está na imagem em movimento — se o quadro for estático, a matéria não é transmitida apropriadamente.

Ao lançar um comunicado à imprensa (consulte o Capítulo 16), pense em como proporcionar uma dimensão visual à sua história. Isto o ajudará a conquistar o apoio do editor de pauta, pois o ajudará a contar a história. Talvez acrescente um esboço de como o evento ou instalação irá se parecer. Você pode até mesmo incluir biografias de celebridades ou talentos que estarão presentes.

Rádio

Assim como a televisão, o rádio depende da urgência. Mas, ao contrário da TV, ele não está sobrecarregado pela necessidade de fotografias, vídeo ou ilustrações. Entretanto, ainda depende da palavra falada, do diálogo, de criadores de notícias e de declarações curtas. Para saber mais sobre como abordar e pautar esta mídia de uma maneira não-tradicional, confira o Capítulo 8).

Capítulo 16

Tornando-se uma Agência de Relações Públicas de Uma Pessoa Só

. . . .

Neste Capítulo

▶ Pensando como a imprensa

▶ Escrevendo comunicados à imprensa

▶ Associando-se com a imprensa comercial

▶ Tornando-se seu melhor porta-voz

▶ Acompanhando seus resultados

. . . .

A verdade é que você já possui diversas qualificações necessárias para compilar, distribuir e apresentar suas matérias para a mídia. A habilidade de resumir suas iniciativas de uma maneira concisa e criteriosa; a destreza para identificar e contatar veículos que passarão sua mensagem adiante (consulte o Capítulo 15); e a capacidade de transmitir sua mensagem de forma articulada (ou encontrar alguém que possa fazê-lo por você) aos detentores do poder — provavelmente você já tem. Se achar que não, este capítulo lhe mostra como se tornar autossuficiente quando se trata de lidar com a imprensa.

Você começa entrando nas mentes das pessoas que irão publicar ou promover o seu trabalho, desenvolvendo matérias fáceis de seus veículos se interessarem. Depois de definidas as matérias, nós lhe mostramos como desenvolver seu próprio comunicado à imprensa, ou sua espécie de convite pessoal para que a mídia cubra sua história.

Após o "convite" ter sido enviado, examinamos como tirar o maior proveito possível do comunicado — desde criar frases de convencimento facilmente compreendidas, até aproveitar ao máximo o interesse. Depois, passaremos a uma análise crítica e avaliamos os pontos altos e os defeitos de sua campanha de relações públicas, para que possa aperfeiçoar suas iniciativas futuras.

Abraçando o Seu Jornalista Interior

O ato de transmitir a mensagem de sua companhia é bem menos intimidante do que poderia imaginar. Tem tudo a ver com criar uma narrativa convincente.

Para garantir que suas iniciativas se sobressaiam contra o pano de fundo de notícias repetitivas e a imprensa marrom, você tem que conceituar e transmitir sua mensagem de uma maneira que tenha um gancho, algo que chame a atenção do leitor e o faça terminar o artigo.

Os campos de atuação da publicidade e das relações públicas são, em sua essência, jornalismo. Na verdade, muitos profissionais da publicidade e das relações públicas são ex-jornalistas. Eles pegaram os instrumentos usados em suas matérias e os puseram para trabalhar no apoio a empresas, organizações, produtos e serviços.

Escrevendo um Comunicado à Imprensa

Quando estiver produzindo materiais para a imprensa, faça-o oferecendo as ferramentas necessárias para tornar a escrita e/ou a cobertura de sua história o mais simples possível. Para isso, a área de relações públicas e a imprensa inventaram um protocolo para a transmissão de histórias: o comunicado à imprensa. Ele é um documento escrito submetido aos veículos de mídia anunciando alguma coisa em especial que os veículos podem achar que vale a pena ser noticiado.

Para evitar que sua notícia acabe no abismo da obscuridade ou categoricamente ignorada, siga os fundamentos de uma matéria jornalística para criar um comunicado que seja convincente, oportuno e informativo. A matéria — ou, por outro lado, o comunicado à imprensa — deve conter alguns elementos básicos:

✔ **Quem** está produzindo este item potencialmente digno de cobertura da imprensa?

✔ **O que** eles estão fazendo?

✔ **Quando** eles o farão?

✔ **Onde** eles o farão?

✔ **Como** este item está sendo realizado? O que há de particularmente notável sobre esta iniciativa?

✔ **Por que** isto está sendo feito?

Neste tópico navegamos pela estrutura de um comunicado e lhe dizemos como distribuí-lo à imprensa.

Estrutura e forma

Para ilustrar como se desenvolve um comunicado à imprensa, usaremos como exemplo a Jardim Secreto, uma floricultura (fictícia) especializada em rosas. Para celebrar seu décimo aniversário, que por acaso cai perto do Dia das Mães, a loja está produzindo a maior escultura de rosa do mundo, esculpida exclusivamente com o uso de rosas.

Nos tópicos seguintes, nós explicamos detalhadamente cada parte de um comunicado à imprensa e damos exemplos do que a Jardim Secreto pode dizer em cada uma destas partes.

Manchete

Um bom comunicado à imprensa se assemelha a uma matéria básica. Você precisa começar o comunicado com uma manchete ágil e uma legenda explicativa para transmitir a relevância da manchete. Eis um exemplo:

Jardim Secreto Produz a Maior Rosa do Mundo

Criadores de Rosas Mundialmente Famosos Produzem Escultura em Rosas para o Dia das Mães

 Embora a manchete venha no topo do comunicado à imprensa, você pode considerar providencial escrevê-la por último — depois de ter todo o seu conteúdo pronto.

Data e local

Logo após a manchete, ponha a data e o local, o que inclui a cidade e o estado (com todas as letras maiúsculas) assim como o dia, mês e ano, seguidos por um travessão (como demonstrado a seguir):

KALAMAZOO, MI, 11 de Maio de 2010 –

Lide

O lide, uma espécie de prévia da notícia, e é a oportunidade de dizer aos leitores exatamente quem está fazendo o quê. Eis um exemplo:

A Jardim Secreto, criadora premiada de rosas de caule alto, anunciou que irá produzir a maior escultura de rosa do mundo, usando 300 mil rosas.

Explicação quanto ao que motivou a notícia

Por que o que está fazendo é significativo? Eis um exemplo:

Para agradecer aos nossos estimados clientes por dez anos de apoio, e a todas as mães na comunidade que atendemos, a Jardim Secreto produzirá algo de belo em larga escala para que todos apreciem.

Citação de apoio por uma entidade externa

Uma entidade externa, especialmente alguma que seja reconhecida ou que de outra maneira pareça objetiva ou importante, pode dar peso a uma notícia ao endossá-la e demonstrar apoio. Eis um exemplo:

"Estamos emocionados em saber que a Jardim Secreto decidiu produzir esta escultura", disse Harry Donnell, prefeito de Kalamazoo. "Esta é uma esplêndida homenagem à nossa comunidade e às mães que trazem tanta beleza às nossas vidas. Estamos muito empolgados para ver o produto finalizado!".

Informação adicional sobre o produto ou serviço

Esta é sua oportunidade de fazer alguns elogios à sua companhia e aos serviços que você oferece.

Porém, não exagere. Você não vai querer afugentar os editores.

As rosas da Jardim Secreto receberam prêmios internacionais na Suíça, na França e na Espanha e foram exibidas em ostensivas premiações de Hollywood, mas a Jardim Secreto trata Kalamazoo como o seu lar há muito tempo. Considerando o seu compromisso com a comunidade, foi uma conclusão natural oferecer um grande "obrigado!" às pessoas que tornaram esta cidade um lugar maravilhoso para se viver.

Citação de um dirigente da companhia

Aqui, você vai querer trazer as palavras de um dirigente da companhia, o que lhe permite falar diretamente para a comunidade que está tentando atingir. Segue um exemplo:

"Desde que fincamos raízes em Kalamazoo há dez anos, ficamos deslumbrados com a lealdade dos nossos clientes", disse Susan Smith, proprietária da Jardim Secreto. "Quando chegou a hora de celebrar uma década aqui, já sabíamos que iríamos querer fazê-lo de uma forma retumbante, com 300 mil das nossas rosas inconfundíveis".

Fechamento

Esta parte é o lugar para as linhas de despedida. Quais são as mensagens que você quer comunicar à pessoa que acabará lendo isso? Por exemplo:

A Jardim Secreto se orgulha de oferecer flores de nível internacional para a região da Grande Kalamazoo e arredores. Seus arranjos florais proporcionam beleza às vidas dos clientes que ela atende.

Apresentação-padrão

Trata-se de um resumo de sua companhia e o que você tem a oferecer. Após ler este rápido parágrafo, a imprensa deve ter uma ideia clara do que sua companhia é e do que faz.

Não tem uma apresentação-padrão? Você pode compilar uma facilmente respondendo algumas perguntas rápidas:

- ✔ O que sua companhia faz?
- ✔ Para quem sua companhia faz o trabalho?
- ✔ No que resulta este trabalho?
- ✔ Como sua companhia faz isso?
- ✔ Por que sua companhia é diferente?
- ✔ Onde as pessoas podem encontrar mais informações sobre sua companhia?

Para a floricultura Jardim Secreto, a apresentação-padrão poderia ser a seguinte:

> **Jardim Secreto** é um grupo de arranjos florais de nível internacional localizado no coração do centro comercial de Kalamazoo, Michigan [O que sua companhia faz?]. Conhecida internacionalmente pelos seus arranjos e produtos de qualidade, Jardim Secreto é sua primeira e última parada para obter arranjos florais personalizados, de casamentos locais a grandes eventos [Para quem sua companhia faz o trabalho?]. Com tal experiência, a Jardim é capaz de proporcionar uma série infindável de arranjos executados à perfeição [No que resulta este trabalho?]. Tal execução é obtida por meio de um rígido cuidado com os detalhes e de inigualável atendimento ao cliente [Como sua companhia faz isso?]. Nenhum trabalho é pequeno ou grande demais, já que a Jardim Secreto busca proporcionar experiências únicas para todos os clientes [Por que sua companhia é diferente?]. Para mais informações, por favor, visite-nos online em www.enderecoeletronico.com.br ou ligue para 800-555-1212 [Onde as pessoas podem encontrar mais informações sobre sua companhia?].

Obviamente, você não incluiria as perguntas entre colchetes — só as pusemos ali para que pudesse ver onde e como cada pergunta foi respondida.

Cole sua apresentação-padrão no final do seu comunicado e estará pronto para ser distribuído (para ver o produto finalizado, confira a Figura 16-1).

Jardim Secreto
Rua das Rosas, 43
Kalamazoo, MI
800-555-1212

COMUNICADO À IMPRENSA
PARA DIVULGAÇÃO IMEDIATA
CONTATO DE MÍDIA: Daniel Jones, 800-555-1212

Jardim Secreto Produz a Maior Rosa do Mundo
Criadores de Rosas Mundialmente Famosos Produzem Escultura em Rosas para o
Dia das Mães

KALAMAZOO, MI, 11 de Maio de 2010 – A Jardim Secreto, criadora premiada de
rosas de caule alto, anunciou que irá produzir a maior escultura de rosa do mundo
usando 300 mil rosas. Para agradecer aos nossos estimados clientes por dez anos de
apoio, e a todas as mães na comunidade que atendemos, a Jardim Secreto produzirá algo de belo em larga escala para que todos apreciem.
"Estamos emocionados em saber que a Jardim Secreto decidiu produzir esta
escultura", disse Harry Donnell, prefeito de Kalamazoo. "Esta é uma esplêndida
homenagem à nossa comunidade e às mães que trazem tanta beleza às nossas
vidas. Estamos muito empolgados para ver o produto finalizado!".
As rosas da Jardim Secreto receberam prêmios internacionais na Suíça, na França e
na Espanha e foram exibidas em ostensivas premiações de Hollywood, mas a Jardim
Secreto trata Kalamazoo como o seu lar há muito tempo. Considerando o seu
compromisso com a comunidade, foi uma conclusão natural oferecer um grande
"obrigado!" às pessoas que tornaram esta cidade um lugar maravilhoso para se viver.
"Desde que fincamos raízes em Kalamazoo há dez anos, ficamos deslumbrados com a
lealdade dos nossos clientes", disse Susan Smith, proprietária do Jardim Secreto.
"Quando chegou a hora de celebrar uma década aqui, já sabíamos que iríamos querer
fazê-lo de uma forma retumbante, com 300 mil das nossas rosas inconfundíveis".
A Jardim Secreto se orgulha de oferecer flores de nível internacional para a região
da Grande Kalamazoo e arredores. Seus arranjos florais proporcionam beleza às
vidas dos clientes que ela atende.
Jardim Secreto é um grupo de arranjos florais de nível internacional localizado no
coração do centro comercial de Kalamazoo, Michigan. Conhecida internacional-
mente pelos seus arranjos e produtos de qualidade, Jardim Secreto é sua primeira e
última parada para obter arranjos florais personalizados, de casamentos locais a
grandes eventos. Com tal experiência, a Jardim é capaz de proporcionar uma série
infindável de arranjos executados à perfeição. Tal execução é obtida por meio de um
rígido cuidado com os detalhes e de inigualável atendimento ao cliente. Nenhum
trabalho é pequeno ou grande demais, já que a Jardim Secreto busca proporcionar
experiências únicas para todos os clientes. Para mais informações, por favor,
visite-nos online em www.enderecoeletronico.com ou ligue para 800-555-1212.

Figura 16-1:
Isso acaba de
chegar. Para
levar sua
mensagem à
imprensa de
uma manei-
ra que irá
espalhar sua
história por
aí. Esboce um
comunicado
como este.

Contexto e entrega

É hora de dar o grande passo e distribuir o comunicado à imprensa. A não ser que o veículo de mídia e os seus editores tenham preferências específicas, deixe os seus contatos em ordem e prontos para o envio.

 Comunicados à imprensa são enviados quase que exclusivamente por e-mail. Evite anexar arquivos, logo, copie e cole o seu comunicado à imprensa no corpo da própria mensagem eletrônica.

Digite todos os endereços de e-mail dos veículos de notícias e outras pessoas influentes no campo de cópia oculta do e-mail de saída. No campo "Para:", ponha o seu próprio endereço de e-mail.

 Não estamos exagerando no quanto é importante pôr estes contatos no campo de cópia oculta. Embora a maioria dos contatos em sua lista de envio possa ser facilmente encontrada por meio de uma rápida busca online, as pessoas podem ficar irritadas por verem suas informações de contato enviadas para centenas de pessoas. Além do mais, é simplesmente algo desleixado.

 Não tenha pressa ao revisar o anúncio inteiro, e faça com que outros no seu escritório que sejam exigentes com detalhes revisem-no também. Alguns veículos de mídia irão publicar partes do seu comunicado integralmente.

Para conseguir a maior cobertura possível, familiarize-se com os prazos finais dos editores e repórteres que está tentando contatar. Evite enviar o seu comunicado à imprensa em uma segunda-feira ou em uma sexta-feira.

Bingo! A Hora da Abordagem

Não se trata apenas do que você diz, e sim de como diz. Após enviar o seu comunicado inicial à imprensa, você precisa acompanhar os veículos de mídia. O acompanhamento é crucial para potencialmente fazer com que o seu comunicado seja aceito — transformando uma escrita excelente em cobertura real e ao vivo.

A maneira mais eficaz de apoiar o comunicado à imprensa é entrar em contato com a mídia de notícias por telefone. Haja com tato e apresente seu pronunciamento como algo útil para eles.

Eis alguns detalhes rápidos que podem ajudar a deixar os veículos de mídia um pouco mais inclinados a cobrir sua história:

- ✔ **Ao invés de ligar para perguntar quanto à situação do seu comunicado à imprensa, enfatize os aspectos proveitosos de sua história.**

- ✔ **Seja respeitoso e lembre-se de que estas pessoas não trabalham para você.**

- ✔ **Considere este acompanhamento como o primeiro passo na construção de relacionamentos profissionais particulares com estes veículos de imprensa.**

Nos tópicos a seguir, mostramos como causar a melhor impressão possível quando sua história for selecionada pela imprensa. Começamos mostrando a você como talhar frases de convencimento e deixar o que você quer dizer pronto para divulgação. A partir daí, nós lhe oferecemos uma rápida conversa encorajadora e o preparamos para ser o próximo grande sucesso!

Frases de convencimento

Após enviar o seu comunicado à imprensa, você precisa se preparar para ser entrevistado. Comece fazendo uma lista de frases de convencimento. Para isso, coloque-se na posição de um editor: o que você acharia interessante?

Eis algo para começar:

- ✔ **Esboce uma sentença concisa que resuma o evento inteiro.**

- ✔ **Identifique o aspecto mais visível e dramático de sua campanha.**

- ✔ **Faça uma lista de quaisquer números impressionantes que puder alardear quanto à sua campanha.**

- ✔ **Conheça os fundamentos.**

 Prepare cópias impressas, sob medida para a imprensa, de todas as principais frases de convencimento e leve-as a qualquer entrevista, a fim de poder distribuí-las para seus veículos de mídia e complementar o seu comunicado à imprensa.

Dando um gostinho a eles

Como qualquer outra grande apresentação, preparar-se bem nunca é demais. Dê a si mesmo os instrumentos para tornar cada entrevista o mais eficaz possível.

 Tente apresentar-se da forma mais confiante e coloquial possível. Use as frases de convencimento como auxílio; elas não estão escritas em pedra. A pior coisa que você pode fazer é soar como se estivesse lendo um roteiro.

Os Grandes Sucessos: Medindo a Reação da Mídia

Além de proporcionar uma lembrança inesquecível do sucesso de suas atividades, ficar em dia com toda a cobertura que obtiver proporciona uma recapitulação objetiva do que você fez, o que funcionou e o que não funcionou. A partir destes registros públicos, você pode ganhar novos avais ao seu produto mais adiante.

Dificilmente você será capaz de encontrar tudo. Neste caso, você pode querer contratar um serviço de rastreamento de mídia, que pode fazer uma busca maior por menções online, comerciais, eletrônicas ou impressas. Elas podem automatizar o processo com dispositivos sofisticados de apuração.

Capítulo 17

Contratando Agentes Publicitários e Pessoal de Relações Públicas

. . . .

Neste Capítulo

▶ Decidindo se precisa de ajuda com relações públicas

▶ Encontrando e examinando as agências

▶ Gerenciando suas expectativas e resultados

. . . .

"**O**lhe, nós amamos a ideia, meu bem. Fale para o seu pessoal ligar para o meu pessoal, ok?". Quantas vezes você já teve esta conversa e só ao ir embora perguntou a si mesmo quais pessoas devem ligar umas para as outras exatamente?

Estas pessoas são os agentes publicitários e de relações públicas. Um agente publicitário é alguém que gera publicidade e coordena sua execução. De maneira semelhante, relações públicas (RP), em um sentido geral, envolvem a manutenção de um fluxo constante de informações entre o cliente e os receptores pretendidos.

Este capítulo investiga exatamente o que este pessoal de imprensa pode fazer para repercutir seu evento ou campanha. Antes disso, você precisa decidir algumas coisas. Em primeiro lugar, será que eles podem fazer alguma coisa que não possa ser feito por você mesmo? Em seguida, como encontrar este pessoal? Então, quem você contrata? E por último, que tipo de serviços você pode esperar em troca do seu dinheiro?

Nem todo mundo precisa contratar estas pessoas. Mas quando alcançar grande sucesso (e alcançará), você vai querer saber exatamente com quem entrar em contato para tirar o máximo proveito de sua iniciativa.

Identificando o Que os Agentes Publicitários e as Equipes de Relações Públicas Podem Fazer por Você

Para muitos proprietários de negócios, o mundo da publicidade e da imprensa lhes é desconhecido. Se estiver lançando uma grande campanha de Marketing de Guerrilha, pode ser a hora de trazer para perto de si aqueles que conhecem este mundo muito bem — agentes publicitários e equipes de relações públicas. Especialmente se estiver realizando uma campanha de guerrilha onde sua meta seja elevar a percepção da marca, como em uma proeza publicitária (consulte o Capítulo 7), você precisa usar todos os meios possíveis para fazer com que a imprensa cubra o seu evento.

Em alguns casos (consulte o Capítulo 16), você pode ter as ferramentas, a engenhosidade e os contatos para associar-se com os veículos desejados. Mas se estiver fazendo um grande esforço para obter espaço na imprensa, você vai querer buscar pessoas que saibam como fazer com que a imprensa cubra um evento.

Eis algumas das solicitações mais comuns feitas por clientes de agentes publicitários e agências de relações públicas:

- **Consultoria de relações públicas.**

- **Menções na imprensa.**

- **Artigos de destaque.**

- **Comunicados à imprensa.** Você tem a capacidade de desenvolver os seus próprios comunicados (consulte o Capítulo 16), mas talvez você não queira. Você pode descobrir que apelar para um especialista criará um comunicado especial, ou pelo menos ajudará a refinar aquele que criou por conta própria.

✔ **Planejamento de eventos.** A agência de relações públicas pode trabalhar com você para afiar sua iniciativa de forma que você não apenas crie algo a ser experimentado, mas ao qual a imprensa será capaz de se compreender também.

✔ **Relações públicas com o consumidor.**

✔ **Relações públicas comerciais.**

Em uma situação ideal, sua organização estaria apta a manter uma operação interna de relações públicas para supervisionar o fluxo de informações e, então, complementar estes recursos com uma agência ou firma de relações públicas de acordo com as necessidades dos eventos e de relações públicas especializadas.

Sabendo a Hora de Contratar Ajuda

Decidir a hora de contratar uma firma de relações públicas ou um agente publicitário tem tudo a ver com decidir o que você quer. Estabelecer metas precisas de publicidade lhe permite ver o que você pode ou não fazer. Para isso, comece examinando a lista de serviços que eles oferecem (consulte o tópico anterior), e seja o mais específico possível.

Eis algumas perguntas para fazer a si mesmo:

✔ Eu tenho os contatos necessários na imprensa para tornar reais as minhas metas de cobertura?

✔ Há algum aspecto específico do mercado que não estou atingindo atualmente?

✔ Eu tenho os recursos internos para obter a cobertura de imprensa desejada dentro dos calendários estabelecidos?

Em relações públicas, às vezes "quando" pode ser mais importante do que "o quê". O momento em que se programa investidas na imprensa perpetua uma imagem especial para a marca. À medida que criar sua lista de metas, estabeleça um cronograma para atingi-las. Estabelecer e realizar metas publicitárias perpetua a imagem de que sua organização está crescendo, tem ímpeto para avançar e é um investimento que vale a pena.

 Coloque o seu pessoal de relações públicas em ação desde o início de suas operações. Se decidir que vai apelar para recursos externos para tocar suas iniciativas de marketing, traga-os logo. Você terá mais chances de atingir as metas para sua marca se o pessoal de relações públicas entrar em ação desde o princípio.

Uni-duni-tê: Decidindo Que Pessoas Contratar

Após estabelecer suas metas, você precisa encontrar alguém que possa ajudá-lo a cumprir estes objetivos. Considere o seguinte:

- **Quanto dinheiro você tem para gastar?**

- **Você precisa da agência por alguns meses ou apenas para um evento isolado?**

- **Você precisa de uma grande agência com uma ampla gama de recursos ou um especialista independente?**

- **Você está procurando por alguém que possa coordenar suas oportunidades de entrar no ar ao vivo?**

- **Você precisa obter um grande conteúdo editorial sobre o seu negócio?**

- **Você precisa de pessoas que entendam do seu negócio e já tenham contatos estabelecidos com todos os veículos comerciais de mídia relacionados?**

- **Que tipo de atenção personalizada você espera?**

As respostas para estas questões irão ajudá-lo a dar forma à sua busca, mas suas prioridades podem ser diferentes daquelas listadas aqui. Se este for o caso, vá em frente e liste quaisquer perguntas que talvez não tenhamos incluído.